AI가 바꿀 대한민국 외식업

AI가 바꿀 대한민국 외식업

1인 매장의 한계를 넘는 매출 혁신 AI 전략

초 판 1쇄 2026년 04월 29일

지은이 배문진
펴낸이 류종렬

펴낸곳 미다스북스
본부장 임종익
홍보국 김가영
편집장 안채원, 이예나, 김은진
디자인 윤영빈, 윤가희, 임인영
책임진행 국소리, 송가희

등록 2001년 3월 21일 제2001-000040호
주소 서울시 마포구 양화로 133 서교타워 711호, 808호
전화 02) 322-7802~3
팩스 02) 6007-1845
블로그 http://blog.naver.com/midasbooks
전자주소 midasbooks@hanmail.net
페이스북 https://www.facebook.com/midasbooks425
인스타그램 https://www.instagram.com/midasbooks

© 배문진, 미다스북스 2026, *Printed in Korea*.

ISBN 979-11-7355-881-8 03320

값 17,500원

미다스북스는 다음세대에게 필요한 지혜와 교양을 생각합니다.

AI가 바꿀 대한민국 외식업

1인 매장의 한계를 넘는 매출 혁신 AI 전략

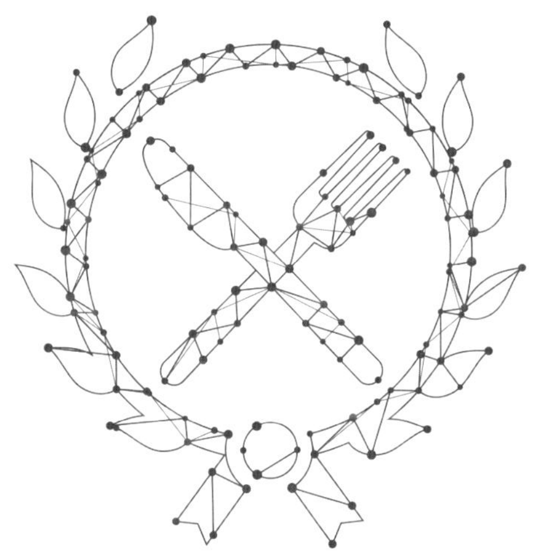

미다스북스

목차

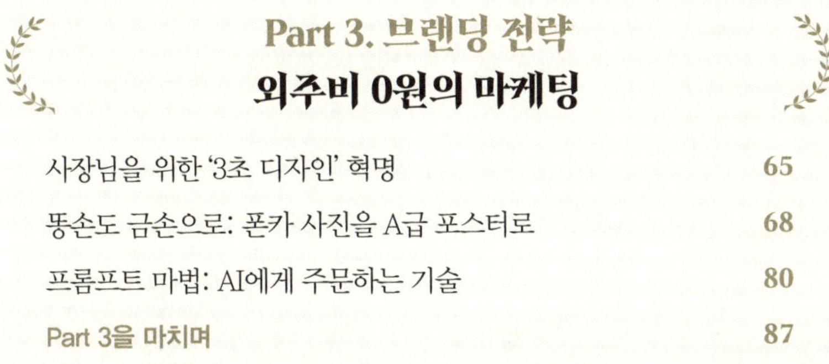

Part 3. 브랜딩 전략
외주비 0원의 마케팅

Part 4. 메뉴 기획
팔리는 메뉴는 이름부터 다르다

Part 5. 확장 시스템
사장님이 없어야 가게가 큰다

셔터를 내리고
한숨 쉬는 사장님들에게

2024년, 두 권의 책을 세상에 내놓았다. 『대한민국 상위 3%의 장사법』과 『맛있어도 문닫는 가게 맛없어도 줄서는 가게』 제목은 다르지만 두 책 모두 1가지를 외쳤다.

'포화 상태인 자영업 시장에서 살아남으려면, 차별화된 나만의 브랜드를 만들어라.' 실제로 기획한 매장들, 상담했던 매장들의 실사례를 최대한 언급하며 이론이 아닌 실제의 이야기를 주로 보여주며 자영업자들에게 대기업과 겨뤄 이길 수 있다는 걸 보여주었다.

스무 살 호텔 주방 막내부터 장사꾼, 프랜차이즈 메뉴 개발자, 브랜딩 기획자까지 직접 발로 뛰며 쌓은 노하우를 최대한 쉽게 풀어내려 애썼고, 다행히 많은 분께 '도움이 됐다'는 피드백을 보내주셨다. 그런데 딱 하나, 넘을 수 없는 현실의 벽이 있었다. 바로 늦은 저녁 10시 커피 한 잔으로 저녁을 때우며 이 글을 쓰는 지금 이 순간에도, 전국의 수많은 자영업자들은 현장에서 육체노동을 하며 땀 흘리고 있다는 사실이다.

주 7일, 하루 12시간 이상. 재료를 손질하고(그것이 무엇이든 간에) 상품을 만들고 고객을 응대하고, 정리하고 마무리하고 나면 이미 저녁 늦은 시간이다. 아무리 좋은 브랜딩 방법이 있다 한들, 그걸 실행할 에너지가 남아 있지 않다는 것이다. 집에 돌아가도 머릿속은 온통 '내일은 손님이 더 올까?' 하는 걱정뿐이다.

나도 마찬가지였다. 매일 여러 브랜드를 고민하며 야심 차게 메뉴를 짜고 마케팅을 준비하지만, 현장의 여건 탓에 애초 기획 의도의 절반도 실현하지 못하는 경우가 부지기수였다. 물론 밤낮으로 고민한 나만의 완벽한 원더월드를 브랜드로 구현하고 싶은 욕심도 있지만, 현실에 발을 붙인 '실현 가능한 기획'으로 수정하는 것이 현명하다는 걸 안다. 전쟁터 같은 자영업 현장에선 그게 생존법이니까. 하지만 대형 외식 브랜드 프로젝트에 참여하다가, 개인 자영업자의 빡빡한 현실에 맞춰 기획을 축소하고 덜어내야 할 때면 진한 아쉬움이 남는 건 어쩔 수 없었다.

자영업자를 위한 브랜딩을 한다고 자부심을 가지고 이 업을 하고 있지만 좋은 기획을 100% 실현해 내지 못하는 상황에 늘 마음 한편에는 이 질문이 맴돌았다. '대기업이 할 수 있는 걸, 자영업자들은 왜 못 하지?'

이 질문의 답은 간단하다. 돈과 사람이 부족하기 때문이다. 자본이 튼튼한 대형 기업들은 디자이너와 마케터를 고용하고, 개발팀과 기획팀을 운영한다. 반면 자영업자는 그 모든 일을 혼자 해내야 한다. 할 수 있건 없건 간에 해야만 하고 해내지 못하는 순간 대기업과의 격차는 계속 벌어질 뿐이다.

그런데 AI의 등장으로, 판이 바뀌고 있다.

이제 자영업자에게도 기회가 생겼다. 대기업과 맞서 싸우느냐, 아니면 더 벌어진 간극에 도태되느냐. 그 기로에 서 있는 지금이야말로, 가장 중요한 순간이다.

놀라운 것은, 지금 이 책을 쓰는 순간에도 AI는 계속 진화하고 있다는 점이다. 이 책을 쓰기 시작한 초기에는 구현이 불가능했던 것들이 이제는 손쉽게 가능해졌고, 새롭지만 더 강력한 AI 도구들이 계속 등장하고 있다.

실제로 나 자신도 그 변화를 몸소 체험했다. 코딩을 1도 모르는 내가, 젠스파크(Genspark)와 클로드(Claude), 제미나이(Gemini)라는 AI 도구를 활용해 직접 홈페이지를 만들었다. 전문 개발자에게 수백만 원을 주고 맡겨야 했던 일을, 단 며칠 만에 해낸 것이다. 그것도 내 손으로. 그 홈페이지는 지금도 잘 운영되고 있다.

이처럼 AI는 우리가 생각하는 것보다 훨씬 빠르게 발전하고 있다. 이 책을 읽고 있는 지금 이 순간에도, 더 놀라운 기능을 가진 AI가 등장했을 가능성이 높다. 그렇기 때문에 더욱 중요한 것은 '특정 도구의 사용법'이 아니라 'AI를 활용하는 사고방식'이다. 도구는 바뀌어도, AI와 협업하는 방법을 익혀두면 어떤 새로운 기술이 나와도 두렵지 않다.

이 책을 통해 누구나 AI를 활용해서 그동안 대기업들이 독점했던 브랜딩, 마케팅, 상품 기획, 운영을 하나하나 실행할 수 있도록 할 것이다.

"AI? 그거 어려운 거 아니야?"
"나이 먹은 사람은 못 배워."

많은 사장님들이 시도조차 하지 않거나, 몇 번 해보고 포기한다. 하지만 AI는 코딩을 배우는 것도, 프로그래밍 공부를 하는 것도 아니며 스마트폰으로 네이버와 카카오톡 할 줄 안다면 누구나 할 수 있다.

작년 말, 직접 컨설팅했던 60대 순댓국 사장님은 챗GPT로 메뉴판을 새로 만들고, 포스터를 디자인하고, 메뉴를 기획하고 마케팅까지 하고 계신다. 최근 오픈한 한 고깃집은 AI로 수채화풍 그림 액자를 만들어 매장에 걸었고, 메뉴판과 액자를 제작하여 전체 인테리어 비용을 10% 이상 절감했다. 과거엔 마케팅 회사에 의뢰했던 인스타그램·유튜브 콘텐츠도 이제는 직접 만들어 지속적으로 발행하고 있다.

이뿐만이 아니다. 광주의 한 고깃집은 AI를 활용해 타깃 고객을 명확히 찾아 그에 맞는 메뉴와 브랜드 네이밍을 기획했고, 경기도의 어느 장어집은 기존 장어집의 문법과 전혀 다른 콘셉트로 변신해 지역 랜드마크가 되고 있다.

전부 AI를 활용한 성공 사례들이다.

이 책 끝까지 읽는다면, 여러분도 대부분 적용할 수 있게 될 것이다.

만약 이런 직원이 있다면 어떨까?

밤새도록 메뉴 아이디어를 짜내고

고객 리뷰 500개를 10분 만에 분석하고

SNS 콘텐츠를 10개씩 순식간에 만들고

포스터, 로고, 메뉴판을 전문가처럼 디자인하고

외국인 손님을 위한 영어, 중국어, 일본어 메뉴를 즉석에서 번역하고

월별·테마별 메뉴 아이디어를 지속적으로 내놓는 직원.

그런데 월급은 한 푼도 안 받는….

당장 고용할 수밖에 없을 것이다.

그 직원이 바로 AI다.

이 책에서 설명할 내용은 모두 현장에서 써먹은 실전 방법이다. 직접 컨설팅한 매장들이 실제로 매출을 올린, 이론이 아닌 실전 비법이다. 사실 외식 브랜드 기획자인 나의 시선은 늘 한곳을 향해 있다. 조언을 하든 컨설팅을 하든, 가장 먼저, 그리고 끝까지 고수하는 기준은 화려한 이론이 아니다. 가장 원초적이고 본질적인 질문, '이게 돈이 되는가?' 하는 점이다. 매출에 도움이 되지 않는 조언은 쓸모없다. 아무리 멋있고 화려해도 장사에 도움이 안 되면 의미 없다고 생각한다.

누구에게는 불편할 수 있지만, 그게 나의 가치관이다. 이 책 역시 그 가치관의 연장선에 있다. 장식 같은 이론은 걷어내고, 사장님들이 즉각 현장에 적용해 매출의 변화를 만들어 낼 수 있는 AI 실전 매뉴얼만을 담았다. 이 책은 화려한 기술을 뽐내지 않는다. 당장 오늘 실행해서 내일의 매출을 바꾸는 '생존형 AI 매뉴얼'이며 그 압도적인 효율의 시작을 크게 4개의 파트로 정리했다.

Part 1. 인식 전환: AI는 공부가 아니라 돈이다

AI가 무엇인지, 왜 써야 하는지, 어떻게 자영업 시장을 바꾸는지, 외식업 시장의 예를 주로 들어가며 이해한다. 많은 사장님들이 AI를 '먼 미래의 기술'로 생각하는데, 이미 지금 당장 쓸 수 있는 무기다. 그리고 앞으로 더 많은 일들을 할 수 있을 것이다.

Part 2. 데이터 분석: 맛집은 숫자로 만들어진다

사장의 '감'이 아니라 '데이터'를 통해 우리 가게의 진짜 문제를 진단하고 해결책을 찾는 과정을 다룬다. 리뷰 분석부터 매출 예측, 상권 분석까지 AI가 사장님의 눈과 귀가 되어 경험보다 정확한 숫자를 제시한다. 데이터 경영은 대기업만의 전유물이 아니며, 지금 당장 내 가게에 적용해 실패 확률을 줄이는 가장 확실한 방법이다. 그리고 데이터가 쌓일수록 AI의 예측은 더욱 정교하고 강력해질 것이다.

Part 3. 브랜딩 전략: 외주비 0원의 마케팅

로고, 포스터, SNS 콘텐츠, 메뉴판, 사진 촬영 등 대기업은 수백~수천만 원 들여 만들지만, 개인 사업자는 구현하기 어렵다. 이제 AI로 1/10 가격에 만든다. 게다가 퀄리티도 뒤지지 않는다. 이 방법을 설명한다.

Part 4. 메뉴 기획: 팔리는 메뉴는 이름부터 다르다

신메뉴 개발, 가격 전략, 공간 연출. 마케팅, 프로모션까지 AI를 활용해 과거에 혼자 할 수 없었던 퀄리티의 일을 혼자서도 해낼 수 있다.

Part 5. 확장 시스템: 사장님이 없어야 가게가 큰다

AI 시대는 작은 가게에 더 유리하다. 대기업의 속도를 이기고, 글로벌 시장까지 진출할 수 있는 방법을 담았다.

자, 이제 시작하자.

이 책을 읽고 나면, 여러분은 AI를 자유자재로 활용해서 브랜딩하고, 마케팅하고, 메뉴를 개발하고, 매출을 올릴 수 있다. 어려운 기술 이야기는 하나도 없다. 그냥 이해하고 따라만 하면 된다.

함께, 대한민국 외식업의 새로운 시대를 열어 가자. AI는 여러분의 경쟁자가 아니라, 가장 든든한 동료다.

이제 첫 페이지를 넘겨보자.

추가 제언

AI 도입 전, 사장님을 위한 마인드셋 체크리스트

본격적인 AI 활용에 앞서, 스스로의 준비 상태를 점검해 보자. 기술보다 중요한 것은 그것을 받아들이는 태도다.

1. 변화 수용성: 나는 "원래 하던 방식"을 버리고, AI가 제안하는 새로운 방식(예: 데이터 기반 메뉴 선정)을 시도해 볼 용기가 있는가?

2. 질문 능력: 나는 AI에게 단순히 정답을 요구하는 것이 아니라, 구체적인 상황을 설명하고 대화할 준비가 되어 있는가?

3. 실행력: AI가 만들어 준 포스터나 문구를 보고 "신기하다."에서 멈추지 않고, 실제 매장에 출력해서 붙일 실행력이 있는가?

4. 인내심: 처음 3~4번의 결과물이 마음에 들지 않더라도, 프롬프트(명령어)를 수정해 가며 원하는 결과를 얻을 때까지 시도할 끈기가 있는가?

이 책은 위 4가지 질문에 "예."라고 대답할 준비가 된 분들에게 가장 큰 효과를 발휘할 것이다.

Part 1.
인식 전환

AI는 공부가 아니라 돈이다

코딩 몰라도 된다,
카톡만 할 줄 안다면

2024년 가을, 국내 대표 배달 플랫폼 기업의 요청으로 20여 명의 자영업자를 대상으로 특강을 진행했다. 주제는 'AI를 활용한 메뉴 기획과 마케팅'이었고, 총 4주에 걸쳐 이루어졌다. 첫 수업에서 참가자들의 AI 활용 수준을 파악한 결과, 대부분의 사장님들은 챗GPT로 간단한 질문을 주고받는 정도는 경험해 보았지만, 실제 매장 운영에 AI를 적용하여 도움을 받는 경우는 전무했다. 현장에서 일하는 자영업자들에게 AI는 IT업계에서만의 변화였고 그저 '뉴스에서 들어본 신기한 기술' 정도로 인식되고 있었을 뿐이다.

"챗GPT가 새로운 기술인 건 알겠어요. 근데 그게 내 가게랑 무슨 상관인가요?"

대부분 이런 의문을 가지고 있었다.

이러한 배경 때문에 4주간의 교육 과정은 처음부터 〈실무 활용 가능〉을 목표로 설계했다. 챗GPT, 제미나이, 젠스파크 같은 무료 또는 저가형 AI 도구들을 중심으로, 이론보다는 실습에 방점을 뒀다. 1주 차에는 AI로 메뉴 아이디어 도출하기, 2주 차에는 메뉴명과 메뉴 스토리 작성하기, 3주 차에는 포스터 디자인 만들기, 4주 차에는 SNS 콘텐츠 제작하기를 주제로 매주 과제를 내주고, 다음 수업 때 각자의 결과물을 가져와 함께 발표하고 검토하고 피드백을 주고받았다. 우리 매장 대표 메뉴의 새로운 이름 10개 만들어 오기, 이번 주 인스타그램 게시글 3개 작성해 오기 같은 식이었다. 추상적인 'AI의 미래'를 논하는 시간은 없었다. 오직 '당장 오늘 저녁 매장에 돌아가서 할 수 있는 일'만 다뤘다.

그 과정에서 가장 극적인 변화를 보여준 사례가 있다. 서울에서 곱창 전문점을 14년째 운영하며 가맹점 형태의 추가 매장도 5개 늘리는 등 사업을 확장한 40대 후반의 여사장님이다. 첫날부터 이분의 눈빛은 불안함으로 가득했다. 사업을 확장하는 것에만 몇 년째 몰두하다 보니 스마트폰으로 인스타그램 게시물 하나 업로드하는 것도 버거워하는 수준이었다.

"요즘 아이들은 다 하는데 저만 못하는 것 같아 창피해요."
라며 손사래를 쳤다. 매장 인스타그램 홍보는 주말마다 대구에서 올라오는 딸이 대신 관리했고, 배달 앱 주문은 직원에게 전적으로 맡겨둔 상태였다. 첫 수업 후 따로 찾아오셔서 "솔직히 제가 이걸 할 수 있을까요? 나이도 있고, 컴퓨터 같은 건 평생 안 해봐서…."라고 조심스레 물으셨다.

그러나 한 달 뒤, 이 사장님은 AI를 활용해 직접 메뉴판을 재디자인하고, 매장 홍보 포스터를 제작했으며, '700℃ 직화 참숯 소곱창'이라는 키워드로 최적화된 블로그와 인스타그램 콘텐츠까지 작성하게 되었고, 분기별 신메뉴 아이디어까지 만들어 내게 되었다. 디자인을 배운 적도 카피라이팅 수업을 들은 것도 아니었다. 단지 AI 사용법의 본질을 이해했을 뿐이다.

이처럼 AI 활용의 핵심은 복잡한 코딩 지식이 아니라 효과적인 질문 능력이다. 네이버 검색창에 키워드를 입력하고, 카톡으로 메시지를 주고받을 수 있는 수준이면 충분하다. AI는 똑똑한 비서처럼 대화로 다 통하기 때문에, 복잡한 전문 지식 없이도 누구나 가게 운영에 바로 써먹을 수 있다. 더욱이 지치는 일이 없다. 휴게 시간을 보장해 줄 필요도 없고 주휴 수당을 지불할 필요도 없다. 앞으로 AI는 시간이 지날수록 더 발전하고 사용이 쉬워질 것이기 때문에 상대적으로 AI 활용도가 떨어지는 외식업 시장에서 AI 사용을 선점하여 사용하는 것이 매우 중요하다.

챗GPT,
매출과 무슨 상관일까?

2000년대 초반부터 불과 2~3년 전까지 사람들은 질문이 생기면 습관적으로 '검색창'을 찾았다. 네이버나 구글에 키워드를 입력하고, 쏟아지는 수많은 블로그와 카페 글, 뉴스, 지식IN 의 답변 중에서 나에게 필요한 정보를 일일이 찾아 헤매는 것이 당연한 일상이었다. 이처럼 20년 남짓한 기간 동안 우리는 검색의 시대를 살아왔다. 하지만 이제는 그 패러다임이 완전히 바뀌고 있다. 정보를 '찾는' 시대에서 AI와 '대화하는' 시대로 넘어온 것이다.

흔히 생성형 AI라는 말을 들어봤을 것이다. 쉽게 설명하자면, 이제까지는 온라인상에서 검색을 하여 이미 누군가가 작성해 준 답을 찾는 방식으로 궁금증을 해결했다면 이제는 단순히 이미 작성된 답을 찾아주거나 분류하는 것을 넘어, AI가 사용자의 요구에 맞춰 세상에 없던 새로운 콘텐츠를 직접 생성한다는 뜻이다.

기존의 검색 방식은 사장님들에게는 또 다른 '노동'이었다. 예를 들어 '인스타그램 마케팅 잘하는 법'을 검색하면 수백 개의 성공 사례와 강의 광고가 나온다. 그 글들을 하나하나 읽고 분석해서, 다시 우리 가게에 맞는 문구로 직접 고쳐 써야 했다. 정보는 얻었지만, 그것을 내 것으로 만드는 데 여전히 많은 시간과 에너지가 소모된 것이다.

하지만 대화형 AI는 다르다. AI에게 "우리 가게 이번 주 신메뉴인 매콤 파스타를 홍보할 인스타그램 문구 3가지를 20대 여성 타깃에 맞춰 써줘."라고 말하는 순간, 검색과 분석, 그리고 작문이라는 세 단계의 과정이 단 몇 초 만에 '결과물'로 돌아온다. 이제 수많은 정보 중에서 고민할 필요 없이, AI가 내놓은 결과물 중 가장 마음에 드는 것을 '선택'하기만 하면 된다.

이처럼, 대화의 시대는 내 옆에 '똑똑한 수석 비서'를 두는 것과 같다. 비서는 사장님이 구구절절 설명하지 않아도 맥락을 이해한다. "저번처럼 친근한 말투로" 혹은 "이번엔 좀 고급스럽게"라는 일상적인 언어만으로도 사장님의 의도를 정확히 파악해 업무를 처리한다.

복잡한 코딩이나 디자인 툴을 배우지 않아도, 평소 쓰던 '말(언어)'만으로 대기업 수준의 기획안과 디자인 결과물을 얻을 수 있게 된 것이다. 이것이 바로 AI가 자영업 현장에서 '지능형 도구'를 넘어 '전략적 파트너'로 불리는 이유다.

그렇다고 AI가 단순히 검색을 대신해 답을 주는 '대화'의 용도로만 사용되는 것은 아니다. 고기 표면의 마이야르 반응을 실시간으로 분석해 가며 자동으로 고기를 구워주는 AI를 시작으로 숯불 기계부터 면 요리, 튀김 요리 등 조리 방식에 최적화된 전용 AI 기계들이 이미 주방 현장에서 활약하고 있다. 여기에 고객 주문 응대와 계산, AI 서빙 로봇까지 더해지며 AI는 사람의 노동력을 빠르게 대체하는 중이다.

굳이 이런 거창한 기계나 설비가 아니더라도 상관없다. 앞으로 본문에서 소개할 메뉴 기획, 온라인 마케팅, 이미지나 영상 제작, 매장 직원 교육 매뉴얼 등 불과 4, 5년 전만 해도 전문가들의 영역이었던 일들이 이제는 스마트폰 앱 하나로, 혹은 대화창 하나로 우리 매장 테이블 위까지 성큼 다가와 있다.

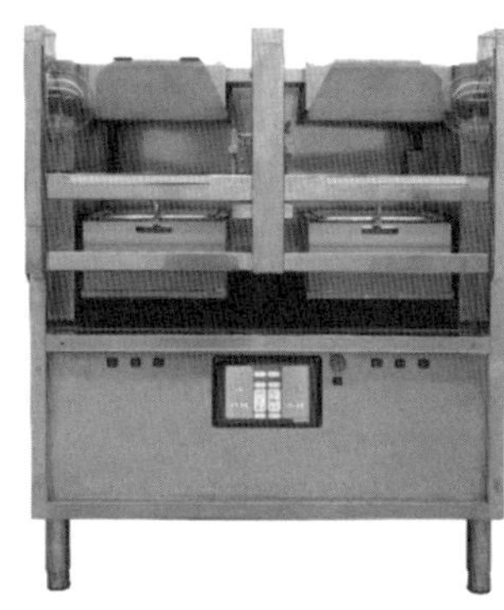

사진 예시(비욘드 허니컴의 그릴 X, 롯데 GRS 알파그릴 등)

이처럼 AI는 주방의 하드웨어부터 운영의 소프트웨어까지 외식업의 모든 과정을 송두리째 바꾸고 있다. 이쯤 되면 '나는 기계치라 저런 건 못 한다'며 지레 겁부터 먹는 사장님들도 있을 것이다. 하지만 여러 자영업 사장님들을 대상으로 교육을 진행하며 정작 가장 놀랐던 것은, 눈부신 기술의 발전 속도가 아니었다. 오히려 낯선 기술을 자신의 생존 도구

   AI가 바꿀 대한민국 외식업

로 빠르게 흡수해 버리는 사장님들의 놀라운 '실전 적응력'이었다. 처음엔 "이게 진짜 장사에 도움이 될까요?"라며 반신반의하던 분들조차 AI라는 도구가 주는 실질적인 편리함을 체감하는 순간, 그 누구보다 무서운 속도로 변화하기 시작했다.

예를 들어, 매일 산더미처럼 쌓이는 배달 앱 리뷰 답글 때문에 밤잠을 설치던 A 파스타집 사장님은 챗GPT를 활용해 고객의 칭찬과 불만에 각각 다르게 대응하는 '감동 답글' 템플릿을 단 10초 만에 만들어 내서 고객 댓글로부터 받는 스트레스를 대폭 줄였다. B, C 카페 사장님과 D 고깃집 사장님은 매장 직원들의 교육 매뉴얼과 컴플레인 응대 매뉴얼 등을 제미나이를 통해 만들고 디자인까지 더한 후 출력해서 매장에 적용하기까지 했다.

24시간 일하는
똑똑한 직원 만들기

그뿐만이 아니다. 매달 수십만 원의 비용을 들어 외주를 맡겨야 했던 신메뉴 포스터나 이벤트 배너도 이제는 사장님들의 손끝에서 탄생한다. 제철 재료인 '무화과'를 활용한 신메뉴를 고민하던 한 카페 사장님은 AI에게 "20대 여성들이 좋아할 만한 감성적인 메뉴 이름과 어울리는 디저트 조합을 추천해 줘.”라고 물었고, 단 몇 초 만에 ‘달콤한 가을의 첫인상, 무화과 크림치즈 타르트’라는 근사한 이름과 플레이팅 아이디어를 얻었다. (앞으로 다양한 실제 사례를 소개할 예정이니 조금만 기다리자.) 대형 프랜차이즈 회사가 각 분야의 전문가들을 고용하여 진행하던 수준의 많은 일들을 이제 AI로 개개인이 손쉽게 할 수 있는 시대가 되었다. 이것은 ‘언젠가 배워야 미래의 할 숙제’가 아니라, ‘지금 당장 내 인건비와 시간을 아껴주는 생존 도구’로 체감되는 순간이었다.

그동안 수많은 자영업자들이 매장을 운영하며 가장 의존했던 것은 다름 아닌 자신의 ‘경험’이었다. “이 메뉴는 요즘 날씨에 잘 나갈 것 같아.”, “이 정도 가격이면 손님들이 좋아하겠지.”라는 식의 막연한 추측이 경영의 중심이었다. 물론 수십 년간 현장에서 쌓아온 사장님의 직관과 업력은 무시할 수 없는 자산이다. 하지만 문제는 시장의 변화 속도가 사장님의 경험치보다 훨씬 빨라졌다는 점이다.

과거에는 ‘열심히, 그리고 성실하게’만 하면 어느 정도 승산이 있었지만 이제는 단순히 노동의 양을 늘리는 것만으로는 대기업 프랜차이즈나 철저하게 무장한 경쟁 업체들을 이기기 어렵다. 내 눈에 예뻐 보이는 포스터가 아니라 손님의 눈길을 끄는 포스터를 만들어야 하고, 내 입에 맛있는 메뉴가 아니라 고객의 지갑을 열게 하는 메뉴를 내놓아야 한다. 이제 사장님의 ‘감’에만 의존해 장사하는 시대는 끝났다.

AI를 도입한다는 것은 직관 위에 ‘정확한 근거’라는 날개를 다는 일이다. 이전과 이후가 어떻게 다른지 구체적으로 살펴보자.

구분	사장의 '감'에 의존할 때(Before)	AI 데이터 시스템을 활용할 때(After)
메뉴 개발	사장님이 좋아하는 재료 위주로 개발, 실패 확률 높음	타겟 고객, 원가, 조리 시간 등을 분석해 성공 확률이 높은 메뉴 제안
고객 분석	"요즘 손님이 줄었네?"라는 막연한 위기감	수백 개의 리뷰를 10분 만에 분석해 구체적인 불만 사항과 개선점 도출
마케팅	유행하는 키워드를 대충 섞어 올리는 SNS 게시물	반응이 좋은 말투와 해시태그를 AI가 선정해 10초 만에 콘텐츠 생성
경영 성과	신메뉴 실패율 약 70~80%	신메뉴 실패율 20% 수준으로 대폭 감소

과거에는 수백만 원을 들여 마케팅 대행사에 맡겨야 알 수 있었던 정보들을, 이제는 대화창에 질문 몇 번 던지는 것만으로도 충분히 얻을 수 있게 되었다.

장사에서 가장 무서운 것은 '불확실성'이다. 신메뉴를 준비하며 들인 재료비, 테스트 시간, 홍보 비용은 실패하는 순간 고스란히 손실로 돌아온다. 하지만 데이터는 거짓말을 하지 않는다.

결국 데이터 기반의 장사란, 내가 하고 싶은 것을 하는 것이 아니라 손님이 원하는 것을 정확히 골라내는 과정이다. AI라는 똑똑한 직원이 분석해 온 데이터를 바탕으로 사장님이 최종적인 의사결정만 내릴 수 있다면, '운'에 맡기는 장사가 아닌 '이길 수밖에 없는 장사'를 할 수 있다.

물론 급격한 기술의 변화는 때때로 낯설고 두렵게 만들기도 한다. 하지만 종이 장부 대신 엑셀을 쓰고, 전화 주문 대신 배달 앱을 받아들이고 키오스크 주문과 서빙 로봇 같은 기술들이 이제는 당연히 여겨진 것처럼 AI 역시 하나의 거대한 흐름일 뿐이다. 차이가 있다면 이전의 기술들은 배우는 데 상당한 시간과 노력 혹은 비용이 필요했지만, 지금의 AI는 마음만 먹으면 바로 적용해 볼 수 있다는 점이다. AI가 이렇게 빨리 사람들에게 전파되는 이유는 AI는 컴퓨터 프로그램이 아닌 우리가 평소 쓰는 '언어'로 움직인다는 점이다. "우리 가게 노포 감성의 곰탕이 얼마나 깊은 맛인지 MZ세대에게 어필할 수 있게 인스타그램 문구를 써줘."라고 말할 줄만 안다면, 이미 전 세계에서 가장 많은 정보를 알고 있는 똑똑한 마케팅 직원을 채용한 것이나 다름없다.

결국 매장 운영에 AI를 활용한다는 것은 복잡한 코딩을 배우거나 이제껏 하지 못했던 새로운 기술을 배우는 일이 아니라 내 매장의 본질인 '맛'과 '접객' 그리고 내 매장만의 개성 표현에 더 집중할 수 있도록, 귀찮고 시간이 오래 걸리는 '노동'을 AI에게 맡기는 것이다. 앞서 언급한 곱창집 사장님이 한 달 만에 기적 같은 변화를 일궈낼 수 있었던 비결도 결국 AI가 대단한 기술이라는 편견을 버리고, 내 손안의 '똑똑한 비서'로 부려 먹기 시작했기 때문이다. 미래는 기다리는 자의 것이 아니라, 오늘 당장 AI라는 도구를 손에 쥐고 내 매장을 발전시키고 매장을 차별화된 브랜드를 만드는 자의 것이다.

이처럼 AI는 더 이상 선택의 영역이 아닌, 치열한 외식업 현장에서 살아남기 위한 필수적인 '생존 장비'가 되었다. 우리가 그간 '전문가'라고 불러왔던 영역들을 가만히 들여다보자. 대기업 프랜차이즈들은 신메뉴 하나를 내놓기 위해 수천만 원의 예산을 들여 전략기획팀을 가동하여 대규모 시장 조사를 하고 전문 푸드 스타일리스트와 사진작가를 섭외해 포스터를 촬영하며, 카피라이터와 디자인팀이 밤새워 홍보물을 만든다. 그리고 그걸 인플루언서를 동원하여 SNS에 대규모 홍보를 한다. 1인 사장님이나 소규모 매장을 운영하는 이들에게 이런 전문적인 프로세스는 부러움의 대상일 뿐, 현실적으로는 엄두도 내지 못할 '거대한 벽'이었다.

하지만 이제 그 벽이 무너지고 있다. 이제 이 책의 이어지는 장들을 통해 그 고정 관념을 보기 좋게 깨뜨리는 실전 사례들을 하나씩 증명해 보일 것이다. 앞으로 여러분이 마주하게 될 이야기는 단순히 'AI가 신기하다'는 감상평이 아니다. 실제로 매출을 고민하던 사장님들이 AI라는 똑똑한 직원을 채용해 대기업의 시스템을 어떻게 본인의 매장에 그대로 이식했는지에 대한 생생한 기록이다.

우리는 '신메뉴 포스터와 메뉴 기획'의 예시 또한 보게 될 것이다. 과거에는 신메뉴를 하나 만들려 해도 메뉴판을 새로 디자인하는 비용과 포스터 인쇄비가 무서워 주저하는 경우가 많았다. 하지만 필자와 함께 한 사장님들은 AI를 통해 단 5분 만에 대기업 프랜차이즈 본사에서나 나올 법한 고퀄리티 포스터를 만들어 냈다. 제철 식재료의 특징을 AI에게 설명하고, 타깃 고객이 선호할 만한 분위기를 주문하면 AI는 그에 걸맞은 비주얼과 매혹적인 카피를 즉각 만들어 낸다. 사장님은 그저 수많은 옵션 중 가장 마음에 드는 것을 고르기만 하면 되는 시대가 온 것이다.

또한, 많은 사장님이 가장 골머리를 썩이는 〈매장 운영 매뉴얼〉 제작 사례도 심도 있게 다룰 예정이다. 직원이 바뀔 때마다 똑같은 교육을 반복해야 했던 소모적인 시간들을 AI는 혁신적으로 줄여 주었다. 우리 매장만의 서비스 수칙, 주방 청결 관리법, 컴플레인 응대 시나리오를 AI와 대화하며 정리하고, 이를 제미나이나 젠스파크를 활용해 깔끔한 디자인의 책자로 시각화한 사례들을 보여줄 것이다. 이것은 단순히 종이 몇 장을 만드는 일이 아니다. 사장님이 자리에 없어도 매장이 시스템으로 돌아가게 만드는 '경영의 자동화'를 의미한다.

'온라인 홍보와 카드 뉴스 제작' 역시 빼놓을 수 없는 핵심 사례다. 인스타그램에 사진 1장 올리는 것도 숙제처럼 느껴졌던 사장님들이 AI를 활용해 어떻게 매일 새로운 콘텐츠를 생산해 내는지 그 비법을 공개한다. MZ세대가 열광하는 말투로 블로그 포스팅을 작성하고, 정보와 재미를 동시에 주는 카드 뉴스를 디자인 감각 없이도 뚝딱 만들어 내는 과정은 놀라움 그 자체다. 이제 사장님들은 마케팅 대행사에 매달 비싼 수수료를 지불하지 않고도, 스스로 우리 매장의 가장 강력한 홍보 전문가가 될 수 있다.

이토록 AI의 실전 사례를 강조하는 이유는 명확하다. 사장님들에게 가장 귀한 자산인 '시간'을 되찾아 주기 위해서다. 매일 아침 시장을 보고,

재료를 손질하고, 손님을 맞이하느라 정작 매장의 미래를 고민할 여유조차 없는 사장님들에게 AI는 24시간 쉬지 않고 일하는 무보수 직원이 되어 준다. 반복되는 단순노동과 골치 아픈 사무 작업은 AI에게 맡기고, 사장님은 본질인 '맛'과 '손님' 그리고 '매장의 개성'에만 집중하면 된다.

이 책에서 소개할 사례들은 디자인 전공자나 IT 전문가의 결과물이 아니다. 평생 주방에서 칼을 잡고, 홀에서 손님을 맞이하던 우리 주변의 평범한 사장님들이 일궈낸 기적 같은 변화들이다. 대기업들이 막대한 자본으로 독점해 왔던 마케팅과 브랜딩의 기술을 이제는 여러분의 손안으로 가져와야 한다. AI라는 도구를 어떻게 부리느냐에 따라 내 매장의 품격이 달라지고, 인건비의 효율이 달라지며, 궁극적으로는 사장님의 삶의 질이 달라질 것이다.

변화는 이미 시작되었고, 기술의 속도는 기다려 주지 않는다. 하지만 두려워할 필요는 없다. 이어질 장에서 보여줄 수많은 실제 포스터, 매뉴얼, 카드 뉴스 사례들을 하나씩 따라가다 보면 어느새 여러분도 "AI가 내 가게의 가장 똑똑한 직원이었구나."라는 사실을 무릎을 '탁' 치며 깨닫게 될 것이다.

이제 준비가 되었다면, 대기업의 시스템을 내 가게의 테이블 위로 그대로 옮겨오는 구체적인 여정을 시작해 보자. 사장님의 경험에 AI의 지능이 더해질 때, 매장은 더 이상 단순한 음식점이 아닌 하나의 강력한 '브랜드'로 거듭날 것이다.

내 주머니 속
대기업 R&D팀

　지난 5년간 수천 명의 자영업자를 대상으로 진행한 인터뷰에서 가장 빈번하게 언급된 경영상의 어려움은 크게 2가지로 수렴된다.

　첫째는 절대적 시간 부족이고, 둘째는 한정된 자본이다. 대부분의 자영업자는 새벽 준비부터 저녁 정리까지 평균 12~14시간을 현장에서 보낸다. 조리, 서빙, 재고 관리, 위생 관리 등 당장의 운영 업무만으로도 하루가 부족하다. 마케팅 기획, 메뉴 개발, SNS 콘텐츠 제작 같은 전략적 업무는 시도조차 하기 어렵다. 시간은 유한한 자원이며, 자영업자에게 그 유한성은 더욱 극명하게 드러난다.

　자본의 문제는 또 어떠한가. 전문 디자이너에게 로고 제작을 의뢰하면 평균 50만 원, 마케팅 대행사에 SNS 관리를 맡기면 월 100~150만 원, 메뉴판 디자인은 30~50만 원의 비용이 발생한다. 신규 개업 또는 리뉴얼 과정에서 이러한 비용들이 누적되면 수백만 원에서 수천만 원에 이르는 초기 투자가 필요하다. 대부분의 자영업자에게 이는 현실적으로 감당하기 어려운 부담이다.

　결과적으로 많은 자영업자들은 전략적 투자를 포기하고 '열심히 일하기'에만 집중하게 된다. 문제는 노동 강도를 높이는 것만으로는 대기업이나 프랜차이즈와의 경쟁에서 우위를 점하기 어렵다는 것이다. 중요한 것은 노동의 양이 아니라 전략의 질이다.

그렇다면 자영업자가 실제로 활용할 수 있는 구체적인 전략은 무엇일까? 각 영역에서 AI가 어떻게 대기업과의 격차를 줄이고, 제한된 자원으로 최대의 효율을 만들어 내는지 살펴보자.

1. 메뉴 개발: 데이터 기반 의사결정 체계

신메뉴 개발은 본질적으로 불확실성이 높은 투자 행위다. 재료 구매, 레시피 테스트, 시식 과정을 거쳐도 시장의 반응은 예측하기 어렵다. 실패 시 투입된 시간과 비용은 고스란히 손실이 된다.

대기업은 R&D 부서를 통해 수백 차례의 테스트를 진행하지만, 자영업자에게 그런 여유는 없다. AI는 이 격차를 메운다. '20대 여성 고객 타깃, 원가 3,000원 이하, 조리 시간 15분 이내, 인스타그래머블한 비주얼의 파스타 메뉴 10개 제안'이라는 조건을 입력하면, AI는 각 메뉴의 예상 인기도, 구체적 레시피, 플레이팅 제안까지 제공한다. 데이터를 미리 수집해서 타깃 고객에 맞추는 이 메뉴 개발 방법은 신메뉴 실패율을 획기적으로 낮출 수 있다. 이는 단순한 성공률 개선이 아니라, 투자 대비 수익률의 획기적 향상을 의미한다.

2. 브랜딩: 전문가 수준의 비주얼 자산 구축

과거에는 로고 하나 제작하는 데 디자이너에게 50만 원, 메뉴판 디자인에 30만 원, 홍보 포스터에 20만 원의 비용을 지불해야 했다. 이제 AI 이미지 생성 도구를 활용하면 5분 이내에 유사한 품질의 결과물을 무료로 제작할 수 있다.

부천 상동에 최근 오픈한 고깃집은 AI를 통해 수채화풍 그림을 그려서 고화질로 인쇄해 매장 인테리어 요소로 활용했다. 전문 화가의 작품으로 오인할 정도로 높은 완성도를 보였으며, 전체 인테리어 비용을 약 12% 절감하면서도 브랜드 아이덴티티 구축에 성공했다.

3. 마케팅: 24시간 가동되는 콘텐츠 생산 시스템

SNS 마케팅의 중요성은 누구나 인식하고 있지만, 실행의 어려움은 또 다른 문제다. 매일 게시할 콘텐츠를 기획하고, 촬영하고, 편집하고, 적절한 해시태그를 선정하는 과정은 시간 소모적이다. 많은 자영업자들이 초기의 열정으로 시작했다가 며칠 만에 포기하는 이유다.

AI는 이 과정을 10초 단위로 압축한다. '수원 맛집 인스타그램 게시글 작성. 갈비찜 신메뉴 홍보. 따뜻하고 감성적인 톤. 해시태그 10개 포함'이라는 간단한 프롬프트만으로 즉시 완성도 높은 게시글이 생성된다.

매일 콘텐츠 기획에 소요되던 30분~1시간이 사라진다.

4. 고객 분석: 타깃 고객 분석 및 고객의 니즈 파악

고객이 무엇을 선호하고 무엇에 불만을 느끼는지 파악하는 것은 모든 비즈니스의 기본이다. 그러나 네이버 리뷰, 카카오맵 후기, 인스타그램 댓글 등 분산된 채널의 수백 개 피드백을 일일이 읽고 정리하는 것은 현실적으로 불가능하다.

AI는 500개의 리뷰를 10분 이내에 분석한다. '고객 선호 메뉴 상위 3개, 주요 불만 사항 3개, 구체적 개선 제안 5개로 정리'라는 요청만으로 체계적인 인사이트 보고서가 생성된다. 이는 과거 시장 조사 전문 기관이 수일에 걸쳐 수행하던 작업을 압축한 것이다.

분석 결과는 즉시 실행 가능한 형태로 제시된다. '점심시간 대기 시간 개선을 위한 예약 시스템 도입', '주차 불편 해소를 위한 인근 공영 주차장 안내판 설치', '밑반찬 리필 지연 문제 해결을 위한 셀프바 운영 검토' 등 구체적 액션 플랜까지 도출된다.

5. 운영 효율화: 다국어 지원부터 재고 관리까지

외국인 관광객이 증가하면서 다국어 메뉴판의 필요성이 커지고 있다.

번역 업체에 의뢰하면 메뉴판 하나당 20~30만 원의 비용이 발생한다. AI는 3분 이내에 영어, 중국어, 일본어로 번역을 완료하며, 단순 직역이 아닌 현지인이 이해하기 쉬운 설명까지 추가한다.

명동의 한 한식당은 AI 번역 메뉴판을 도입한 후 외국인 고객의 주문 편의성이 대폭 개선되었고, 해당 고객층의 매출이 30% 증가하는 효과를 확인했다.

지금까지 살펴본 메뉴 개발, 브랜딩, 마케팅, 고객 분석, 운영 효율화는 AI가 외식업에 가져온 변화의 '빙산의 일각'에 불과하다. 언급된 5가지 영역 외에도 인테리어 공간 설계, 매장 음악 선정, 가격 결정, 매장 운영 매뉴얼 수립 등 AI의 적용 범위는 우리가 상상하는 것 이상으로 넓고 깊다.

결국 AI는 사업주에게 '시간'과 '여유'를 되돌려준다. 반복적이고 소모적인 업무, 불확실한 추측에 의존하던 의사결정 과정을 AI에게 맡김으로써, 점주는 외식업의 본질인 '맛'과 '환대(Hospitality)'에 더 집중할 수 있게 된다.

기술의 발전 속도를 고려할 때, 오늘 우리가 놀라워하는 이 변화들은 머지않아 외식업의 기본 표준(Standard)이 될 것이다. 중요한 것은 기술 그 자체가 아니라, 이 강력한 도구를 자신의 매장에 어떻게 접목하여 고객에게 어떤 새로운 가치를 줄 것인가 하는 점주의 상상력이다. AI라는 날개를 단 외식업의 진화는 이제 막 시작되었다.

AI, 칼을 든 요리사처럼
다루는 법

간혹 "AI가 모든 것을 해주면 사람은 무엇을 하는가?"라는 질문을 받는 경우가 있는데 이는 AI의 본질을 오해한 데서 비롯된다. AI는 인간을 대체하는 것이 아니라, 인간의 능력을 확장하고 증폭시키는 도구로 사용되어야 한다.

요리사가 칼을 사용하는 이유는 칼이 요리를 대신하기 때문이 아니라, 요리사의 손을 더 빠르고 정확하게 만들어 주기 때문이다. 다만 칼은 위험한 면도 동시에 가지고 있으니 관리와 통제가 필요한 것이고 올바른 방법으로 사용된다는 전제하에 요리사에게는 없어서는 안 될 도구이다. AI도 동일한 원리로 작동한다.

AI가 메뉴 아이디어 10개를 제안한다고 가정해 보자. AI는 방대한 데이터를 학습했기에 객관적인 확률이 높은 조합을 내놓을 것이다. 하지만 그중에서 자신의 브랜드 정체성과 타깃 고객의 미묘한 취향에 가장 적합한 1~2개를 최종 선택하는 것은 오직 사장의 몫이다.

다시 강조하자면 AI는 '답'을 정해주는 장치가 아니라, 사업주가 더 나은 결정을 내릴 수 있도록 '선택지'를 정교하게 다듬어 주는 역할을 한다. 무수히 많은 가능성 중에서 우리 매장의 철학에 맞는 보석을 골라내는 '안목'이야말로 AI 시대에 인간이 갈고닦아야 할 핵심 역량이다.

메뉴 아이디어뿐만 아니라 세련된 포스터 디자인을 순식간에 만들어 낼 수도 있다. 그러나 "이 디자인이 우리 매장의 조명 아래에서, 우리가 추구하는 아늑한 분위기와 조화를 이루는가?"를 최종 검토하는 것은 사장님의 감각이다.

고객 리뷰 분석도 마찬가지다. AI는 텍스트 데이터에서 불편 사항을 읽어내지만, 그 행간에 숨겨진 고객의 미묘한 감정과 지역 사회의 특수한 맥락까지 완벽히 이해하기는 어렵다. '무엇을 우선순위로 개선할 것인가'를 결정하는 것은 단순한 데이터 처리가 아니라, 매장의 미래를 설계하는 사장의 전략적 선택이자 철학이다.

AI는 작업의 90%를 수행하며 시간과 비용을 획기적으로 줄여 주지만 나머지 10%의 결정권은 항상 사용자에게 남아 있다. 흥미로운 점은, 모두가 AI라는 도구를 손에 쥐게 되는 가까운 미래에는 AI가 수행하는 90%의 영역은 상향 평준화되어 변별력을 잃게 될 것이라 사실이다. 결국 승부처는 인간의 손길이 닿는 마지막 1%에서 갈릴 수밖에 없다.

AI가 제안한 레시피에 나만의 비법 소스 한 방울을 더하는 것, AI가

쓴 홍보 문구에 단골손님만 알아챌 수 있는 다정한 인사말 한 줄을 곁들이는 것, AI가 분석한 데이터를 바탕으로 고객의 눈을 한 번 더 맞추며 서비스하는 것. 이 '한 끗'의 차이가 AI라는 강력한 엔진을 장착한 매장을 완성시킨다.

AI의 도입은 고된 육체노동과 단순 반복 업무의 굴레를 상당 부분 해방시켜 줄 것이다. 이제 사장은 단순히 음식을 만들고 서빙하는 '노동자'의 역할에 머물지 않는다. AI라는 유능한 팀원을 거느리고 매장 전체의 경험을 설계하고 관리하는 만능 관리자로 진화해야 한다.

당연히 AI 무엇이든 해결해 주는 만병통치약도, 부작용이 전혀 없는 무결점 솔루션도 아니다. 부작용이 생길 수도 있고 우리가 미처 몰랐던 새로운 문제점이 생길 수도 있다. 하지만 무조건 도구를 두려워할 필요는 없다. 좋든 싫든 AI는 이미 우리 일상의 일부가 되었기 때문이다. 지금 우리에게 필요한 것은 AI의 완벽함을 기대하는 것이 아니라, 나에게 도움이 되는 최적의 활용법을 찾아내는 지혜다.

향후 5년 이내에 자영업 시장은 2개의 뚜렷한 계층으로 분화될 것으로 전망된다.

AI를 전략적으로 활용하는 사장님은 하루 2시간 투입으로 10개의 고품질 콘텐츠를 생산한다. 신메뉴 개발 실패율은 20% 수준을 유지하며, 마케팅 비용은 월 5만 원 이하로 통제된다. 외국인 고객 응대에 장벽이 없으며, 대기업과 동등한 수준의 브랜드 아이덴티티를 구축한다.

반면 AI를 활용하지 않는 사장님은 하루 12시간을 투입해도 1개의 콘텐츠를 제작하기 어렵다. 신메뉴 개발 실패율은 70%에 달하며, 마케팅 비용은 월 100만 원 이상 지출된다. 외국인 고객은 사실상 포기 대상이 되고, 대기업과의 브랜드 가치 격차는 지속적으로 확대된다.

이는 선택의 문제다. 그리고 그 선택의 시점은 바로 지금이다.

Part 1을 마치며

우리는 Part 1을 통해 분명히 확인했다. AI는 두려움의 대상이나 IT 전문 가들만의 전유물이 아니다. 오히려 시간과 자본이 절대적으로 부족한 자영 업자가 대기업 프랜차이즈와 대등하게 경쟁할 수 있도록 돕는 가장 신뢰할 수 있는 '전략적 파트너'이자, 내 주머니 속 '무급 수석 비서'다.

지금까지가 AI에 대한 오해를 풀고 '검색'에서 '대화'로 넘어가는 마인드 셋 전환을 위한 준비 운동이었다면, 이제부터는 진짜 실전이다. 앞으로 이 어질 Part 2부터는 뜬구름 잡는 이론이 아닌, 당장 오늘 매장에 적용할 수 있는 구체적인 실행 방법론을 단계별로 제시할 것이다.

향후 자영업 시장은 AI를 전략적으로 활용해 하루 2시간 일하고 10개의 성과를 내는 사장과, 하루 12시간을 노동하고도 제자리걸음인 사장으로 극 명하게 나뉠 것이다. 그 갈림길에서 여러분은 이미 '변화'라는 올바른 길을 선택했다.

대한민국 자영업의 새로운 시대는 이미 시작되었다. 이제 그 변화의 파 도에 올라타, 여러분의 가게를 대체 불가능한 브랜드로 만들 차례다. 준비 되었다면, 다음 페이지를 넘겨 본격적인 AI 장사의 세계로 들어가 보자.

AI와 대화 잘하는 법:
프롬프트 엔지니어링 3원칙(R.C.O)

책에서 'AI에게 질문하는 것'을 강조했는데, 이를 구체적으로 실현하기 위한 'R.C.O 법칙'을 소개한다. AI에게 일을 시킬 때는 이 3가지를 꼭 포함해야 한다.

1. Role(역할 부여): AI에게 어떤 전문가의 가면을 씌울지 정한다.

나쁜 예: "마케팅 문구 써줘."

좋은 예: "너는 20년 경력의 외식업 전문 카피라이터야."

2. Context(맥락 제공): 우리 가게의 상황을 구체적으로 알려준다.

나쁜 예: "파스타 홍보해 줘."

좋은 예: "우리 가게는 대학가에 있고, 시험 기간이라 학생들이 스트레스를 풀 매운 음식을 찾고 있어. 이번 신메뉴는 청양고추가 들어간 크림 파스타야."

3. Output(출력 형식): 원하는 결과물의 형태를 지정한다.

나쁜 예: "알아서 해줘."

좋은 예: "인스타그램 피드용으로 이모지를 섞어서 세 줄 이내로 작성해 주고, 해시태그 10개도 추천해 줘."

 이 3가지만 기억해도 AI가 내놓는 답변의 퀄리티는 천지 차이가 된다.

Part 2.
데이터 분석

맛집은 숫자로 만들어진다

신메뉴가
일주일 만에 버려지는 이유

"사장님, 이 메뉴는 왜 넣으신 거예요?"

"아, 이거? 내가 먹어보니까 맛있더라고. 우리 집사람도 맛있다고 하고."

메뉴를 정할 때도, 가격을 정할 때도, 영업시간을 정할 때도, 심지어 가게 자리를 구할 때도 대다수 사업주들의 기준은 비슷했다. 바로 '자신의 감(感)'이다. '여기가 왠지 터가 좋아 보여서', '요즘 젊은 애들이 이런 거 좋아할 것 같아서', '옆집 밥값이 8,000원이니까 우리는 7,500원으로' 식이다.

물론 그 감을 무시할 수는 없다. 수년 길게는 수십 년간 칼을 잡고 불 앞에 서며 체득한 '장사 근육'은 분명 존중받아야 마땅하다. 하지만 냉정하게 물어보자. 그 감이 지금도 통하고 있는가? 그 감이 맞았다면, [1]왜 자영업자의 43.6%가 폐업을 고려하고 있고, 작년(2025년) 매출이 재작년(2024년) 매출보다 줄었다는 응답이 72%나 되며 그중 61.2%는 올해도 매출 감소를 예상한다는 뉴스가 나오는가? 우리 집은 파리만 날리고 옆 매장은 줄을 서는가? 왜 내가 야심 차게 내놓은 신메뉴는 일주일 만에

---

[1] 〈KBS 뉴스광장〉 25.2.27

음식물 쓰레기통으로 들어가고 있는가?

세상이 변했다. 아니, 변한 지 오래다. 고객들은 더 이상 '그냥' 들어오지 않는다. 유동 인구가 많은 지역에 막대한 비용을 투자하여 인테리어를 멋들어지게 하고 간판을 크게 만들어 조명을 밝게 밝힌다고 손님이 오지 않는다. 이제 고객들은 스마트폰으로 검색하고, 별점을 확인하고, 메뉴 사진의 때깔을 보고, 블로그 리뷰의 최신 날짜를 확인한 뒤에야 비로소 가게 문을 연다. 여행을 가서 가족들이랑 저녁 식사를 할 때도 점심시간에 혼밥을 하러 갈 때도 오랜만에 만난 친구들과 가볍게 술 한잔할 때도 고객은 데이터를 보고 움직이는데, 많은 자영업자들은 여전히 감으로 손님을 기다린다. 감 vs 데이터, 이 싸움의 승패는 이미 정해져 있는 것이나 다름없다.

이제 우리는 인정해야 한다. '내 입에 맛있는 음식'이 아니라 '고객이 지갑을 여는 음식'을 팔아야 한다는 것을. 그리고 그것을 찾아내는 방법은 더 이상 사장님의 혀끝이 아니라, 데이터와 AI의 분석 속에 있다는 사실을 말이다. 이번 파트에서는 그동안 우리가 맹신해 왔던 '감'이라는 허상을 깨고, AI라는 강력한 무기를 장착해 '숫자로 증명하는 장사'를 하는 법에 대해 이야기하려 한다.

하지만 여전히 많은 사업주들은 '데이터'나 'AI'라는 단어를 들으면 본능적으로 거부감을 느끼곤 한다. "장사는 사람 마음을 얻는 건데, 어떻게 기계가 시키는 대로만 하느냐."고 반문한다. 하지만 여기서 오해하지 말아야 할 것이 있다. 데이터는 장사 철학을 대체하는 것이 아니라, 그 철학이 고객에게 더 정확히 전달되도록 돕는 '내비게이션'임을 인지해야 한다.

과거의 장사가 나침반 하나에 의지해 망망대해를 항해하는 모험이었다면, 지금의 장사는 실시간 교통 정보가 반영된 GPS를 보고 운전하는 것과 같다. 나침반만 보고도 목적지에 도착할 수는 있다. 하지만 그 과정에서 암초를 만나거나 경로를 이탈해 기름값이 2배로 들고, 결국 도착 시간마저 늦어지는 리스크를 감수해야 한다. 지금처럼 인건비와 재료비가 치솟는 고물가 시대에, 그런 '운에 맡기는 시행착오'는 생존을 위협하는 치명타가 된다.

한번 생각해 보자. 공들여 개발한 신메뉴가 외면받는 이유를 단순히 '요즘 애들 입맛이 까다로워서'라고 치부하고 있지는 않은가? 데이터는 다른 이야기를 할지도 모른다. 힘들게 만든 메뉴 구성이 경쟁 업체에 비해 '맛은 뛰어나지만 그 맛이 시각적이나 메뉴 이름에 표현되지 않아서' 안 팔리는 것일 수도 있다. 특정 요일과 시간대에 방문하는, 식사를 마치고 가벼운 2차를 원하는 고객들이 주 고객인데 가성비 좋게 음식량이 많다는 걸 홍보하고 있을 수도 있다. 이런 진실을 애써 외면하고 있을 수도 있다. 냉혹하지만 정확한 진실이다.

우리는 그동안 '열심히 하면 언젠가는 손님이 알아줄 것'이라는 막연한 믿음으로 버텨왔다. 하지만 데이터는 '열심히'가 아니라 '정확하게' 해야 한다고 말한다. 옆집 매장에 줄을 서는 이유는 단순히 운이 좋아서가 아니다. 그들은 이미 고객의 검색 패턴을 분석하고, 선호하는 메뉴 구성을 파악하며, AI가 추천하는 최적의 광고 시점에 마케팅 비용을 집중하고 있다.

이 책에서 말하고자 하는 데이터 기반의 장사는 결코 거창한 것이 아니다. 어제 우리 매장을 찾은 고객이 어떤 경로로 왔는지, 왜 이 메뉴는 유독 잔반이 많이 남는지, 우리 동네 사람들은 몇 시에 배달 앱을 켜는지와 같은 아주 사소한 질문에서 시작한다. AI는 이 파편화된 질문들을 모아 사장님에게 '답지'를 보여줄 것이다.

"사장님, 이번 주 금요일은 비가 올 예정이니 배달 세트 구성을 전 위주로 변경해 보세요.", "현재 매장 위치를 고려할 때, 20대 여성보다는 40대 직장인을 타깃으로 한 점심 특선 메뉴가 매출 증가율이 30% 더 높을 것으로 예측됩니다."

이런 조언을 해주는 비서가 옆에 있다면, 장사가 훨씬 수월해지지 않겠는가? '감'이라는 안개 속에서 허우적거리는 시대는 끝났다. 이제는 숫자로 보고, 데이터로 판단하며, AI로 실행해야 한다. 그것이 이 불확실한 시대에 사장님의 소중한 자산과 일상을 지킬 수 있는 유일한 생존 전략이다. 두려워할 필요 없다. 엑셀을 몰라도, 통계를 몰라도 빅데이터가 뭔지 몰라도 된다. 이제 어떻게 데이터를 분석하는지 알면 된다.

핫플레이스 요리주점의
뼈아픈 실패

이수역 근처에서 2년 남짓 요리주점을 운영 중인 정 사장님(30세)의 이야기다. 국내외 내로라하는 셰프와 함께 다년간 일한 경험을 살려 말 그대로 인스타그래머블한 안주들을 고급스럽게 선보이는 요리주점을 운영 중이다. 2층이라는 핸디캡에도 불구하고 메뉴의 퀄리티나 맛, 가격 면에서 인근의 웬만한 요리주점보다 충분히 뛰어난 퀄리티를 유지하고 있었다. 그럼에도 매출은 계속해서 떨어지는 추세였다. 위기를 느낀 사장님은 제철 모둠회를 다른 곳보다 저렴하게 판매하고 할인 행사를 하는 등 새로운 프로모션과 메뉴들을 내놨다. '요즘 애들이 인스타그램에 사진 찍어서 올릴만한 예쁜 메뉴를 가성비 있게 판매하자.'는 지극히 상식적인 판단 때문이었다. 결과는? 처참했다. 하루에 세 그릇도 안 팔렸다.

무엇이 문제였을까? 정 사장님의 '감'은 2가지를 놓쳤다. 첫째, 해당 상권의 주 고객들은 강남·사당보다 덜 붐비면서 편리한 곳을 찾는 30대 직장인이고 이들은 예쁜 플레이팅의 음식보다는 깔끔한 고깃집을 선호한다는 점이다.

물론 2030 여성 고객들도 있지만 엘리베이터가 없는 2층 매장에 그것도 퇴근 후에 방문하기에는 예쁜 플레이팅의 음식만으로는 방문을 결정하기 충분치 않았다. 둘째, 고객이 원하는 것은 '요리'가 아니라 '분위기'였다. 이

곳을 찾는 대학생과 직장인들은 이미 1차로 배를 채운 뒤, 귀가 전 아쉬움을 달랠 곳을 찾고 있었다. 그들에게 필요한 건 배부른 고급 요리가 아니라, 부담 없는 가격에 와인 한 잔, 하이볼 한 잔을 즐길 수 있는 가벼운 안주였다.

그러나 정 사장님은 파인다이닝 출신답게 '음식의 퀄리티'에만 집중했다. 최고급 식재료를 아낌없이 넣었으니 가성비는 훌륭했을지 몰라도, 가볍게 즐기러 온 2차 손님들에게는 결제 금액 자체가 부담스러울 수밖에 없었다. 경쟁 매장들이 저렴한 치즈 플레이트 하나로 분위기를 팔 때, 정 사장님은 무거운 요리를 팔려고 애쓴 셈이다.

정 사장님의 '맛있는 감'은 시장의 '니즈(Needs)'와 완전히 빗나갔다.

정 사장님께 AI를 활용한 데이터 수집의 가능성을 안내해 드린 뒤 기존과는 다른 접근법을 제안드렸다. 신메뉴 출시에 앞서 레시피를 먼저 개발하는 통상적인 순서 대신 AI를 활용해 보자는 것이었다. AI 툴 중 하나인 제미나이를 통해 상권 관련 질문을 던지자, 1분도 채 되지 않아 놀랍도록 구체적인 답변이 돌아왔다.

AI 프롬프트 입력

"서울 이수역 13번 출구 기점으로 반경 300m 내의 14:00~24:00까지 주중, 주말의 유동 인구를 분석해 주고 그들이 주로 소비하는 아이템(외식업 위주)을 분석해 줘. 추가로 상권 내의 요리주점들이 공통적으로 판매하는 메뉴군과 놓치고 있는 메뉴군을 분석해서 가독성 좋게 표로 만들어 줘."

1. 유동 인구 분석 (반경 300m, 14:00~24:00)

상권 개요	이수역 13번 출구는 태평백화점 뒤편 메인 먹자골목으로 진입하는 관문
주중 특성 (오피스/ 퇴근길)	**시간대별 특성 / 타깃** 14:00~17:00 낮은 유동성, 18:00를 기점으로 증가 / 3040 직장인 인근 대학생 **행동 패턴** 1차(식사 겸 반주) → 2차(요리주점/맥주) 흐름 뚜렷, 22:00 이후 급감
주말 특성 (주민/ 약속 장소)	**시간대별 특성 / 타깃** 14:00부터 유지, '만남의 장소'보다 '동네 외식' / 커플 및 1인 가구, 가족 단위 **행동 패턴** 주중보다 연령대 낮음. 카페 이용 후 17:00~18:00 사이 주점 유입 빠름

2. 주요 소비 아이템 분석 (외식업 위주)

소비 키워드	가성비보다는 **확실한 안주 퀄리티**
1순위 (육류)	**냉동 삼겹살, 족발, 곱창** 전통적 강세 종목. 노포와 신생 고깃집이 공존하며 소비 주도
2순위 (해산물)	**숙성회, 딱새우, 해물파전** 직장인 2차 수요 흡수, 주말 저녁 2030 세대 소비 집중
3순위 (매운맛)	**마라탕, 닭발, 떡볶이** 오후 14:00~17:00 사이 배달 및 홀 방문 소비 높음 (스트레스 해소)

3. 요리주점 메뉴군 분석

Red Ocean (공통 메뉴)	**국물류·튀김류·볶음류** 모츠나베, 나가사키 짬뽕, 바지락 술찜 (필수 구비 메뉴) 치킨 가라아게, 명란구이, 감자튀김, 차돌숙주볶음, 제육볶음

Blue Ocean (기회 메뉴)	**1) 고단백·저칼로리 '라이트 안주'** – 제안: 문어 카르파초, 연어 타르타르, 닭안심 구이 샐러드 **2) 전통주 페어링 '모던 한식 안주'** – 제안: 감태 육회롤, 고추장 라구 파스타 **3) '1인 전용' 하프 메뉴 (Half-portion)** – 제안: 메인 메뉴의 가격과 양을 절반으로 줄인 1인 세트 **4) '논알코올·저도주' 특화 리스트** – 제안: 퀄리티 높은 무알코올 칵테일, Low ABV 주류
	4. 사장님을 위한 데이터 기반 전략 조언
핵심 전략	익숙한 메뉴보다는 **"가볍고 감각적인 안주"**로 차별화 무거운 국물 요리 지양, 시각적으로 화려한 스몰 플레이트 라인업 강화
마케팅 방향	스몰 플레이트의 시각적 요소를 활용하여 **인스타그램 타깃 광고** 집행 시 승산 높음

AI는 데이터를 분석하고 표로 만드는 것에서 그치는 것이 아니라 이 수역 인근의 구체적인 임대 시세나, 특정 메뉴(예: 숙성회)의 시간대별 배달 수요 데이터를 분석하겠냐는 추가적인 질문을 스스로 제안해서 장사를 하며 놓쳤던 고민들을 풀 수 있는 계기를 만들어 주었다.

하지만 더 놀라운 사실은, 지금까지 본 상권 분석은 그저 빙산의 일각에 불과하다는 점이다. 제미나이의 일반적인 답변을 넘어 **'딥리서치(Deep Research)(심층 조사)'** 기능을 활용하면 이야기는 전혀 달라진다. 수천 페이지의 최신 논문과 트렌드 리포트, 그리고 방대한 실시간 공공 데이터를 교차 분석하여, 단순한 답변이 아닌 '논문에 준하는 수준의 전략 보고서'를 통째로 내놓기 때문이다.

이 심층 데이터 하나가 정 사장님의 장사를 바꿨다. 그동안 '요리는 맛 있게, 무조건 푸짐하고 가성비가 좋아야 한다'는 자신만의 철학으로 매장 을 운영해 왔다. 하지만 AI가 내놓은 심층 데이터의 결과는 냉정했다. 이 수역 13번 출구 인근의 핵심 타깃인 2030 세대는 배를 채우는 '가성비'보 다, 다양한 맛을 경험하고 이를 SNS로 공유하는 '심미적 가치'와 '경험의 희소성'에 더 기꺼이 지갑을 연다는 사실을 지표로 증명해 보인 것이다.

결국 정 사장님은 자신의 '감'을 내려놓기로 했다. 대신 AI가 제안한 데이터 전략에 따라 매장을 완전히 새롭게 설계했다.

우선, 가격 부담은 낮추되 취향의 폭을 넓힌 '전통주 샘플러(8,900원)' 를 전면에 내세웠다. 여기에 단순히 양만 많은 안주 대신 시각적 화려함 과 맛의 조화를 극대화한 **'우니·단새우·육회 삼합'** 같은 스몰 플레이트 위주로 메뉴 라인업을 강화했다. 결과는 즉각적이었다. "왜 이렇게 양이 적냐."는 불평 대신, "메뉴가 너무 예쁘고 센스 있다."며 스마트폰을 꺼 내 드는 손님들이 줄을 잇기 시작했다.

매출은 자연스럽게 우상향 곡선을 그렸다. 타깃 고객이 진정으로 원 하던 '가볍고 감각적인 공간'이라는 니즈를 데이터로 정확히 꿰뚫자, 뜨 내기손님들은 단골로 변했고 매장은 활기를 되찾았다.

결국 장사는 '내가 팔고 싶은 것'을 파는 고집이 아니라, '데이터가 가 리키는 곳'으로 유연하게 움직이는 전략의 싸움이다. 사장님의 낡은 '감' 과 AI의 날카로운 '데이터', 그 사소해 보이는 한 끗 차이는 매출이라는 성적표 앞에서 가장 냉정한 결과로 증명되었다.

아직도 "그래도 장사는 감이지."라고 생각하는 분들을 위해, 실제 현장에서 벌어지는 의사결정의 차이를 표로 정리했다. 왼쪽은 우리가 흔히 해오던 방식이고, 오른쪽은 AI를 활용해 앞으로 해야 할 방식이다.

구분	과거(사장의 감)	현재(AI & 데이터)
식자재 발주	"내일 날씨 좋으니까 손님 많겠지? 삼겹살 10kg 더 시켜." (재고 폐기율 높음)	"작년 10월 셋째 주 매출과 내일 날씨, 인근 축제 일정을 고려해서 적정 발주량 예측해 줘."
신메뉴 개발	"내가 만든 김치찜이 제일 맛있어." (공급자 중심 사고)	"우리 지역 반경 500m 내외 경쟁점(고깃집) 리뷰 1,000개를 분석해서 고객들이 불만족하는 포인트가 없는 틈새 메뉴를 찾아줘." (수요자 중심 사고)
마케팅 문구	"정성을 다해 모십니다. 맛집으로 오세요." (추상적, 진부함)	"20대 여성이 클릭할 만한 '노포 감성' 키워드를 포함한 인스타그램 피드 제목 5개 추천해 줘." (타깃 명확, 클릭 유도)
직원 관리	"바쁠 것 같으니까 알바 1명 더 불러." (인건비 낭비)	"지난달 시간대별 매출 데이터를 분석해서, 피크 타임과 유휴 타임에 맞는 최적의 인력 배치표를 짜줘." (효율적 운영)

왼쪽의 방식이 익숙하다면, 지금 위태로운 줄타기를 하고 있는 것이다. 반면 오른쪽의 방식은 훨씬 더 논리적이고, 무엇보다 '실패할 확률'이 낮아 보이지 않는가?

안양 순댓국집 반란: 재고 폐기율 0%의 비밀

안양에서 순댓국집을 운영하시던 60대 박 사장님의 이야기를 해보자. 박 사장님은 처음에 AI라는 단어만 들어도 손사래를 치던 분이었다. "순댓국 끓이는 사람이 무슨 컴퓨터야. 맛만 좋으면 그만이지." 그런 그가 변한 건, 가게 앞 횡단보도 건너편에 생긴 젊은 감각의 프랜차이즈 국밥집 때문이었다. 손님들이 그쪽으로 몰려가는 걸 눈으로 보고 나서야 그는 내게 도움을 요청했다.

우리는 가장 먼저 '재고 관리'부터 손을 댔다. 박 사장님은 늘 "손님 왔는데 재료 없으면 안 된다."는 신조로 순대와 머릿고기를 넉넉히 삶았다. 덕분에 저녁 9시가 되면 남은 고기를 버리거나 직원들과 억지로 먹는 게 일상이었다. 나는 박 사장님의 스마트폰에 젠스파크 앱을 깔아드리고, 딱 한 달 치 매출 장부(수기 장부여도 상관없다)를 사진 찍어 올리게 했다.

AI 프롬프트 입력

"이건 우리 가게 지난달 매출 장부야. 요일별로 순대와 머릿고기가 얼마나 판매되었는지 분석해 주고, 비 오는 날과 맑은 날의 판매량 차이, 가장 바쁜 날과 가장 한가한 날을 분석해 줘."

AI의 분석은 충격적이었다. 박 사장님의 '감'으로는 금요일 저녁이 가장 바쁘다고 생각했지만, 실제 데이터는 '수요일 점심'과 '목요일 저녁'의 매출이 가장 높았다. 금요일은 오히려 회식 2차로 오는 손님이 많아 안주류는 나가지만, 식사류인 순댓국 판매는 저조했던 것이다. 그리고 비 오는 날은 배달 주문이 홀 매출의 1.5배가 넘는다는 사실도 수치로 확인되었다.

이 데이터를 바탕으로 준비량을 조절했다. 수요일과 목요일에는 고기 삶는 양을 20% 늘리고, 금요일에는 술국 전용 육수를 더 준비했다. 비 오는 날엔 홀 서빙 직원을 줄이고 배달 포장 전담 알바를 썼다.

결과는 어땠을까?

음식물 쓰레기 처리 비용이 월 40만 원에서 25만 원으로 줄었다. 재료비는 월 90만 원이 절약됐다. 더 놀라운 건, 준비된 재료가 딱 맞아떨어질 때 느끼는 사장님의 '통제감'이었다. "예전엔 고기 남을까 봐 저녁 내내 마음 졸였는데, 이젠 데이터 대로만 준비하니까 마음이 그렇게 편할 수가 없어." 박 사장님의 고백이다. 이것이 바로 데이터가 주는 힘이다. 막연한 불안감을 명확한 확신으로 바꿔주는 것.

별점 1개 속 숨겨진
떡상 비법

장사에서 '실패'는 치명적이다. 대기업이야 신메뉴 하나 망해도 보고서 1장 쓰고 넘어가면 되지만, 우리 같은 자영업자에겐 메뉴 하나 실패가 곧 월세 미납으로 이어진다. 그래서 우리는 실패하지 않아야 한다. 아니, 실패할 확률을 극한으로 낮춰야 한다. 어떻게? 바로 '데이터'를 통해서다. 데이터는 사장님의 기분을 맞춰주지 않는다. 냉정하고 잔인하게 현실을 보여준다. 그래서 믿을 수 있다.

배달 앱이나 네이버 영수증 리뷰에 별점 1개가 달리면 가슴이 철렁한다. "이 손님 진상이네.", "경쟁 업체에서 쓴 거 아니야?"라며 방어 기제부터 작동한다. 하지만 그 악플 속에 우리 가게를 살릴 황금 열쇠가 숨어 있다. 문제는 우리가 수백 개의 리뷰를 일일이 읽고 객관적으로 분석하기엔 감정 소모가 너무 크다는 점이다. 이때 AI가 등판한다. 강남에서 배달 전문 덮밥집을 운영하는 최 사장님 사례를 보자. 매출이 정체되어 고민하던 그는 최근 3개월간의 리뷰 500개를 긁어서 AI에게 던져줬다.

AI 프롬프트 입력

"이 500개의 리뷰를 분석해서, 고객들이 가장 많이 불만을 가지는 요소 3가지와 칭찬하는 요소 3가지를 정리해 줘. 감정적인 비난은 배제하고, 사실 기반의 문제점만 추출해."

분석 결과, 최 사장님이 전혀 예상치 못한 답변이 나왔다. 그는 '양'이 적다는 불만이 많을 거라 생각해서 밥양을 늘려왔었다. 하지만 AI가 뽑아낸 불만 1순위는 '포장 방식'이었다. "랩이 너무 과하게 감겨 있어 포장 풀기가 어렵다."는 내용이 전체 불만의 40%를 차지했던 것이다. 사장님은 밥양에만 집착하느라 정작 포장 용기의 문제를 까맣게 모르고 있었다.

최 사장님은 당장 포장 용기를 바꿨다. 개당 50원이 더 비쌌지만, 국물이 새지 않는 이중 실링 용기로 교체했다. 그리고 리뷰 답글에 '고객님들의 의견을 반영해 용기를 전면 교체했습니다.'라고 공지했다. 거짓말처럼 별점 테러가 멈췄고, 재주문율이 15% 상승했다. 사장님의 '감'은 밥양을 늘리라고 했지만, '데이터'는 용기를 바꾸라고 했다. 데이터가 이겼다.

"우리 가게 타깃이 누구예요?"라고 물으면 십중팔구 이렇게 대답한다. "남녀노소 다 좋아해요." 이건 자영업자가 범하는 가장 큰 실수다. 모두를 위한 가게는 아무를 위한 가게도 아니다.

광주의 한 고깃집은 오픈 초기 '가족 외식'과 '직장인 회식'을 모두 잡으려다 이도 저도 아닌 콘셉트로 고전했다. 놀이방을 두자니 회식 손님이 시끄러워하고, 룸을 만들자니 가족 손님이 불편해했다. 나는 AI를 통해 해당 상권의 유동 인구와 소비 패턴을 분석해 볼 것을 권했다.

제미나이를 활용해 해당 지역의 카드 소비 데이터를 분석한 결과, 평일 저녁 6시~9시 사이 20대 후반에서 30대 초반 남성들의 주류 소비 비중이 압도적으로 높았다. 인근에 산업 단지가 있어 젊은 기술직 남성들이 퇴근 후 '고기에 소주 한잔'하는 수요가 확실했던 것이다.

이 데이터를 근거로 과감하게 '가족' 타깃을 버렸다. 어린이 메뉴를 없애고, 놀이방을 철거한 자리에 흡연실을 가깝게 배치하고(이 타깃층의 니즈였다), '두꺼운 생고기'와 '얼큰한 된장술밥'을 메인으로 내세웠다. 인테리어도 밝은 조명 대신 약간 어둡고 묵직한 분위기로 바꿨다.

결과는 대성공이었다. "여기 딱 우리 스타일이다."라는 입소문이 공단 내에 퍼지면서, 평일 저녁 웨이팅이 생겼다. 만약 사장님의 감대로 '가족도 오고 회식도 오는 무난한 가게'를 고집했다면, 지금쯤 폐업 신고서를 작성하고 있었을지도 모른다. 선택과 집중, 그것을 가능하게 하는 것이 바로 데이터다.

마지막으로 '돈' 이야기다. 가격 결정은 장사의 꽃이다. 너무 비싸면 안 오고, 너무 싸면 남는 게 없다. 대부분 경쟁 업체 가격표를 보고 거기서 500원이나 1,000원을 뺀다. 이건 전략이 아니라 자살 행위다. 내 원가 구조와 저 집의 원가 구조가 다른데 왜 가격을 따라가는가?

AI를 활용하면 '심리적 가격 저항선'을 파악할 수 있다. 예를 들어, 15,000원짜리 파스타를 팔고 싶다면 AI에게 이렇게 물어보자.

"현재 서울 ○○동 상권에서 파스타 1인분 평균 가격대와 소비자들이 '비싸다'고 느끼기 시작하는 가격 저항선을 분석해 줘. 그리고 15,000원을 받을 경우 제공해야 할 사이드 메뉴나 서비스의 가치를 제안해 줘."

실제로 한 브런치 카페는 데이터 분석을 통해 샌드위치 가격을 12,000원에서 14,500원으로 오히려 올렸다. 대신 AI가 제안한 대로 '미니 샐러드'와 '아메리카노 세트 할인' 구성을 추가했다. 단품 가격은 올랐지만, 세트 구성을 통해 객단가는 12,000원에서 18,000원으로 껑충 뛰었다. 고객은 '비싸다'고 느끼는 대신 '구성이 알차다'고 느꼈다. 데이터는 고객이 단순한 가격 숫자가 아니라 '가심비(가격 대비 심리적 만족)'에 반응한다는 것을 알려주었다.

지금까지 사장님의 '감'이 지배하던 영역을 데이터와 AI가 어떻게 대체하고, 더 나은 결과를 만들어 내는지 살펴보았다. 어떤가? 아직도 데이터가 어렵고 멀게만 느껴지는가?

분명히 말하지만, 이제껏 쌓아왔던 경험을 무시하고 AI를 맹신하는 데이터 과학자가 되라고 하는 것이 아니다. 그저 아침에 일어나 날씨를 확인하듯, 장사를 시작하기 전 AI에게 "오늘 우리 가게 상황은 어때?"라고 물어보는 습관을 들이라는 것이다. 그 작은 질문 하나가 쌓이고 쌓여 그동안의 경험이 빛을 발하는 단단한 시스템으로 만들어 줄 것이다.

감으로 장사하던 시대는 끝났다. 이제는 증명하는 자만이 살아남는다. 그리고 그 증명의 도구는 이미 여러분의 손안에 쥐어져 있다. 이제 스마트폰을 켜고, 내 가게의 데이터를 들여다보자. 거기에 정답이 있다.

이제 분석한 데이터가 실제적으로 어떻게 활용되고 있는지를 알아볼 단계다.

Part 2를 마치며

　데이터는 사장님의 가장 정직한 나침반이다. 과거의 장사가 사장님의 '감'이라는 낡은 나침반에 의존한 항해였다면, 이제는 AI라는 최첨단 GPS를 장착해야 할 때다. 이수역 요리주점의 뼈아픈 실패와 안양 순댓국집의 재고 혁신, 강남 덮밥집의 포장 용기 교체 사례에서 보았듯, 데이터는 사장님의 기분을 맞춰주지 않는다. 대신 가게를 살릴 가장 냉정하고 정확한 정답을 제시한다.

　리뷰에 남겨진 악플 하나, 버려지는 잔반, 상권의 숨겨진 유동 인구 패턴까지 모든 숫자는 매출로 직결되는 보물이다. "장사는 감이지."라는 고집을 내려놓고 AI에게 우리 가게의 데이터를 분석해 달라고 질문하는 순간, 막연했던 불안감은 명확한 확신으로 바뀔 것이다. 감으로 장사하던 시대는 끝났다. 이제 스마트폰을 켜고 내 가게의 숫자를 들여다보자. 거기에 정답이 있다.

사장님이 놓치기 쉬운 '숨은 데이터' 찾기

매출 장부와 리뷰 외에도 AI에게 분석을 맡기면 좋은 데이터들이 있다.

1. CCTV 영상 패턴(글로 설명): "점심 피크 타임에 홀 직원이 주방과 홀을 오가는 동선을 묘사해 줄게. 여기서 비효율적인 동선을 찾아줘." (직접 영상을 분석하긴 어렵지만, 상황을 묘사하면 개선점을 제안해 준다.)

2. 잔반 데이터: "이번 주에 가장 많이 남겨진 반찬은 콩나물무침과 김치였어. 메인 메뉴는 제육볶음인데, 이 반찬 구성이 어울리는지, 아니면 잔반을 줄일 다른 반찬 조합이 있는지 분석해 줘."

3. 날씨와 매출의 상관관계: "지난 3개월간 비 온 날의 매출과 맑은 날의 매출, 그리고 가장 많이 팔린 메뉴를 비교해 줘." ⇨ 비 오는 날 전용 '전+막걸리 세트' 프로모션 기획 가능

Part 3.
브랜딩 전략

외주비 0원의 마케팅

사장님을 위한 '3초 디자인' 혁명

외식업 시장에서 브랜딩과 마케팅은 이제 '하면 좋은 것'이 아니다. 포화 상태인 시장에서 살아남기 위한 반드시 해야 할 생존 무기다. 그리고 그 브랜딩을 표현하는 주된 방식이 바로 온오프라인에서 시각적으로 표현되는 디자인 즉 포스터, 사진, SNS 전시용 디자인이다. 하지만 보통의 개인 사업자들에겐 이는 늘 '남의 나라 이야기'였다. 이유는 간단하다. 돈과 사람이 부족하기 때문이다.

자본이 튼튼한 대형 기업들은 디자이너와 마케터를 고용하고, 개발팀과 기획팀을 운영한다. 신메뉴 하나를 내놓을 때도 수천만 원의 예산을 들여 전담 부서를 가동한다. 전문 사진작가와 푸드 스타일리스트가 달라붙어 예술적인 포스터를 만들어 내고, 카피라이터가 문구를 다듬는다. 그렇게 만들어진 디자인을 프로모션이라는 이름을 붙여 할인과 이벤트로 중무장한 후 다시 온라인과 오프라인으로 도배를 한다. 그렇게 내놓는 결과물이 화려한 것은 당연하다. 자본이라는 엔진을 달고 있기 때문이다.

반면, 우리 보통의 자영업 사장님들의 현실은 어떤가? 새벽부터 시장을 보고, 재료를 손질하며 온종일 불 앞과 홀을 오가느라 몸은 이미 녹초가 된다. 늦은 밤 마케팅이 중요하다는 생각에 인스타그램을 켜보지만, 사진 1장 올릴 에너지조차 남아 있지 않은 것이 전쟁터 같은 자영업 현장의 실상이다. 하지만 그보다 더 큰 벽은 현실적인 '비용'이다. 로고 하나 제작하는 데 저렴하게 해도 50만 원, 메뉴판 디자인에 30만 원, 홍보 포스터에 20만 원의 비용이 발생한다. 신규 개업이나 리뉴얼 한 번 하려면 디자인 비용으로만 최소 1,000만 원이 훌쩍 넘어간다. 자영업자들에게 이 금액은 단순히 '지출'이 아니라 생존을 위협하는 '부담'이다. 우리는 그동안 이 격차를 숙명처럼 받아들여 왔다.

디자인 외주의 가장 큰 장벽이 '비용'만 있는 것은 아니다. 정작 더 큰 문제는 '시간'과 '소통'이다.

디자인 에이전시에 메뉴판 제작을 맡기면 어떤 일이 벌어지는가? 첫째, 브리핑 미팅을 잡아야 한다. 둘째, 초안이 나오기까지 보통 3~5일을 기다려야 한다. 셋째, 초안을 받으면 수정 요청을 한다. "이 폰트가 너무 딱딱해 보여요", "색감이 우리 매장 분위기랑 안 맞는 것 같아요." 그러면 다시 2~3일을 기다린다. 이런 과정이 평균 2~3회 반복된다. 결과적으로 최종 시안을 받기까지 빠르면 일주일, 길면 2주가 소요된다.

더 큰 문제는 '내 의도가 제대로 전달되지 않는다'는 점이다. "좀 더 따뜻한 느낌으로요."라고 말하면, 디자이너가 생각하는 '따뜻함'과 사장님이 생각하는 '따뜻함'이 다를 수 있다. 결국 수정을 거듭할수록 비용은 추가되고, 시간은 흘러가며, 사장님은 지쳐간다. "그냥 이 정도면 됐어요."라며 타협하게 되는 순간, 완성도는 애초의 기대에 미치지 못한다.

그렇다면 AI는 어떤가? AI에게는 브리핑 미팅이 필요 없다. 수정도 즉각적이다. 프롬프트 한 줄만 고치면 3초 만에 새로운 시안이 나온다. 마음에 들 때까지 수십 번을 돌려도 추가 비용이 없다. 소통의 피로도는 제로다. AI는 사장님이 '좀 더 따뜻하게'라고 하면 색상 온도를 조정하고, 'MZ세대가 좋아할 만한 감성'이라고 하면 그에 맞는 폰트와 레이아웃을 즉시 제안한다.

결국 디자인 외주의 진짜 비용은 '돈+시간+소통 피로+타협의 결과물'이다. AI는 이 모든 것을 한 번에 해결한다.

구분	전문 에이전시 (대기업 방식)	프리랜서·크몽 (외주 방식)	AI 기반 제작 (사장님의 무기)
비용	수백만~수천만 원	로고 50만 원 메뉴판 30만 원	무료~월 2~3만 원
제작 기간	최소 2주~1개월	보통 3일~일주일	즉시~5분 이내
수정 횟수	계약에 따름 (추가 비용)	1~3회 제한 (추가 비용)	무제한 (마음에 들 때까지)
과정	수차례 미팅 및 전략 수립	기획안 전달 및 피드백	명확한 대화 (프롬프트 입력)
결과물 품질	최상 (전문 팀 작업)	작업자의 숙련도에 따라 편차 큼	전문가 수준 (구별 불가)

똥손도 금손으로:
폰카 사진을 A급 포스터로

'어떻게 전문가가 며칠 걸릴 일을 기계가 5분 만에 하는가?'라고 묻는 경우들이 있다. 결론부터 이야기하자면 AI가 전 세계 수억 개의 디자인과 데이터를 이미 알고 있기 때문이다. AI에게 내 브랜드를 충분히 학습시킨 후 "전세계에 존재하는 20년 전통을 살린 신뢰감 있는 중국집 로고 학습해서 ○○반점에 제일 어울릴 만한 로고를 만들어 줘."라고 말하는 순간, AI는 그 맥락을 파악해 즉시 최적의 시안을 내놓는다. 수정 횟수도 제한이 없다.

이제 어려운 디자인 프로그램을 배울 필요가 없다. 평소 쓰던 '말(언어)'로 비서에게 지시하듯 시키기만 하면 된다. 스마트폰으로 네이버 검색이나 카카오톡을 할 줄 아는 수준이면 충분하다. 실제로 강의 중 교육한 60대 사장님들도 단 한 달 만에 스스로 포스터를 만들고 블로그 콘텐츠를 생산해 냈다.

이것은 단순히 예산을 아끼는 문제가 아니다. 과거에는 포스터 하나 수정하려 해도 외주 업체에 사정하고 추가 비용을 내야 했지만, 이제는 사장님이 즉석에서 수정하고 바로 적용할 수 있다. 비가 오면 즉시 '전세트 할인 포스터'를 만들어 배달 앱에 띄우고, 재료가 바뀌면 메뉴판 디자인을 그 자리에서 변경할 수 있는 '기동성'을 갖게 된 것이다.

내가 매장을 기획할 때 가장 강조하는 기준은 **"이게 돈이 되는가?"**이다. 돈이 사업의 전부는 아니지만 가장 중요시되는 기준임에는 틀림없다. AI를 사업에 도입한다는 것 또한 마찬가지이다. 단순히 신기한 기술을 쓰는 것이 아니라, 사업주의 귀한 '시간'과 '수익'을 되찾는 일이다.

반복되는 단순노동과 골치 아픈 디자인 작업은 AI라는 '무보수 막내 직원'에게 맡겨라. 대신 사장님은 본질인 '맛'을 연구하고, 찾아온 '손님'의 눈을 한 번 더 맞추며 정성을 다하는 일에 집중하라.

기술은 사장님을 대체하지 않는다. AI가 만든 90%의 결과물 위에, 사장님만이 가진 1%의 '장사 근육'과 '진심'을 더할 때 비로소 거대 프랜차이즈도 넘볼 수 없는 강력한 '브랜드'와 이를 표현하는 디자인이 완성된다.

이제 본격적으로 로고부터 포스터까지, 사장님의 손끝에서 대기업 수준의 결과물을 만들어 내는 실전 방법을 하나씩 공개하겠다. 어려운 이야기는 하나도 없다. 그냥 이해하고 따라오면 된다.

AI를 활용해 디자인이나 영상을 만들어낼 수 있는 전문가라면, 수십 수백 가지의 방식으로 다양한 작업물을 만들어 낼 수 있겠지만 디자인이나 영상 제작이 낯선 자영업자들을 위해, 쉽고 효과적으로 홍보물을 만드는 방법을 임의적으로 3가지로 나누어 보았다. 현재 나의 상황에 맞춰 선택할 수 있으며, 전문 지식 없이도 충분히 만족스러운 결과물을 만들어 낼 수 있다.

1. 보유 사진 활용: 내가 찍은 사진을 전문가의 느낌으로

이미 매장에서 직접 촬영한 메뉴 사진이 있다면, 그것을 AI에게 맡겨 보자. 스마트폰으로 찍은 평범한 사진이라도 상관없다. AI는 그 사진을 분석하고, 색 보정, 배경 제거, 텍스트 배치, 레이아웃 구성까지 자동으로 처리해 준다.

분식점을 운영하는 경우 신메뉴 출시를 위한 포스터를 만든다고 가정해 보자. 이미지를 만들기 위한 AI 툴로는 '나노바나나', '구글 AI 스튜디오', '캔바' 등 다양하게 있으나 복잡하니 가장 쉽게 활용할 수 있는 제미나이나 젠스파크를 활용한다.

핸드폰으로 직접 찍은 떡볶이 사진 1장을 업로드하고 "떡볶이 신메뉴 출시 홍보 포스터, 빨간색 계열, 젊은 느낌, '매콤달콤 중독 주의' 문구 포함 가격 파괴 5,000원"이라고 프롬프트를 입력하면, AI는 사진의 색감을 강화하고, 배경을 깔끔하게 정리하며, 눈길을 끄는 타이포그래피를 적용한 완성된 포스터를 내놓는다. 전문 디자이너가 포토샵으로 2시간 걸려 할 작업을 3분 안에 끝내는 것이다.

이 방법의 최대 장점은 이른바 '포스터 사기'가 없다는 점이다. 메뉴 포스터에 있는 사진과 실제 메뉴의 이미지가 다른 경우가 많은데 실물과 똑같은 사진의 포스터는 고객에게 깊은 신뢰를 줄 수 있다. 더욱이 사업주의 입장에선 별도의 사진 촬영비 없이 10장이든 100장이든 마음에 들 때까지 수정할 수 있으니 일석이조다. 또한 내가 찍은 사진이다 보니 저작권 걱정도 전혀 없다.

물론 AI라는 유능한 조수와 협업하다 보면 가끔 '동상이몽'의 순간이 찾아오기도 한다. 내가 원한 스타일은 이게 아닌데 싶어 당황스러울 때도 있는데 사실 나조차도 내가 어떤 스타일을 원하는지 구체적인 청사진이 없기 때문이다. 내가 지향하는 디자인의 '스타일'이 모호하니, AI에게 입력할 가이드라인 역시 갈팡질팡하게 된다. 학습시킬 데이터(내 취향)가 없으니 AI도 딴소리를 할 수밖에 없는 것이다.

이럴 때 쓸 수 있는 방법이 **내 사진 + 온라인 사진 조합**이다.

'구글'이나 '핀터레스트' 등에서 마음에 드는 메뉴 포스터나 디자인물을 찾아서 캡처를 해두거나 사진을 찍어두고, 내 사진과 함께 결합해서 원하는 분위기를 연출하는 것이다. 아래 사진은 직접 찍은 사진과 온라인 포스터를 결합하여 새로운 포스터를 만들어 낸 예시이다.

만드는 방법 역시 간단하다. 제미나이 검색창에 직접 찍은 사진을 첨부하고 인터넷 검색으로 만들고 싶은 포스터의 이미지를 캡처해서 첨부한다. 그리고 채팅창에 다음과 같이 입력한다.

"1번 사진 속의 고기 요리 부분만 정교하게 추출해 줘. 그리고 2번 사진 이 포스터 전체적인 레이아웃, 오렌지색과 검은색 포함 배경 스타일을 그대로 적용해서 새로운 포스터를 디자인해 줘."

*디테일을 원한다면 아래와 같이 세부 항복을 입력할 수 있다.

1. 중앙에는 1번 사진의 고기를 배치하고, 갓 구운 듯한 하얀 김 (Steam)이 모락모락 피어오르는 효과를 넣어줘.

2. 배경은 2번 사진처럼 고급스러운 질감을 살려줘.

3. 텍스트는 다음 내용을 한글로 배치해 줘.

   메인 카피: **'진마구리'** (강렬하고 굵은 서체)

   상단 서브 카피: **'도축장에서만 먹을 수 있던'**

   하단 서브 카피: **'정형이 금지된 부위'**

   우측 포인트: **'중독 주의'** (빨간색 태그 형태)

2. 글씨만으로 이미지 만들기(Text-to-Image)

두 번째 방법은 조금 더 혁신적이다. 사진을 찍을 필요조차 없이, 머릿속으로 상상하는 이미지를 글로 설명하면 AI가 그대로 그려주는 방이다. 마치 화가에게 "이런 느낌으로 그려주세요."라고 주문하는 것과 비슷한 개념이다. 이 기술을 'Text to Image'라고 하는데 글(Text)을 이미지(Image)로 변환한다는 뜻이다.

예를 들어 카페를 운영하는데 신메뉴로 '딸기 생크림 케이크'를 출시한다고 가정해 보자. 아직 메뉴 사진을 찍지 못했거나, 더 감성적이고 세련된 이미지가 필요한 상황이라면 이 방법이 제격이다. 제미나이 채팅창에 다음과 같이 입력해 보자.

"하얀 접시 위에 놓인 딸기 생크림 케이크 한 조각, 생크림이 부드럽게 올라가 있고 신선한 딸기가 위에 장식되어 있음, 파스텔톤 핑크색 배경, 자연광이 비치는 밝은 분위기, 감성적이고 인스타그램 감성, 고화질."

이렇게 구체적으로 설명하면 AI는 실제로 존재하지 않는 케이크 사진을 마치 전문 사진작가가 찍은 것처럼 만들어 낸다. 생크림의 질감, 딸기의 신선함, 조명의 각도까지 모두 프롬프트에 따라 표현된다. 실제 메뉴와 약간의 차이는 있을 수 있지만, SNS 홍보용이나 메뉴판 초안 제작에는 충분히 활용 가능하다. 이 방법의 가장 큰 매력은 '무한한 시도'가 가능하다는 점이다. 같은 메뉴라도 배경색을 바꿔보고, 조명을 달리해보고, 구도를 다르게 해보면서 수십 가지 버전을 만들어 볼 수 있다. 전문 스튜디오에서 촬영하려면 한 번에 수십만 원이 들지만 AI는 몇 번을 시도해도 비용이 거의 들지 않는다.

하지만 이 과정조차 역시 막막하게 느껴질 수 있다. 막상 텅 빈 채팅창을 마주하면 AI에게 어떤 단어를 써서 명령해야 할지 도무지 감이 오지 않기 때문이다. 하지만 걱정할 필요 없다. 텍스트를 짜내는 것보다 훨씬 직관적이고 쉬운 방법이 있다. 백 마디 말 대신 내가 원하는 느낌의 '이미지'를 AI에게 직접 보여주는 방식이다.

네이버나 구글 같은 친숙한 검색포털 사이트에 '딸기 생크림 케이크' 혹은 'Strawberry cream cake'라고 검색한 후 이미지를 다운받는다. 그리고 그 이미지를 다시 제미나이나 젠스파크라는 AI 툴에 업로드한 후 채팅창에 '텍스트 만으로 이 이미지를 결과물로 얻으려면 (Text to image) 프롬프트를 어떻게 입력해야 하는지 프롬프트를 제시해 줘.'라고 요청하면 역으로 채팅창에 검색해야 할 문구를 완성해 준다.

이 이미지가 없이 텍스트 만으로 이 이미지를 결과물로 얻으려면 프롬프트를 어떻게 입력해야 할까?

대부분의 AI 툴이 구글이나 오픈 AI 등 영어 기반이라 결괏값이 영어로 나오긴 하지만 채팅창에 '한국어로 번역해 줘.' 한 문장만 입력하면 된다. 그 문장에서 원하는 문구를 몇 개 추가 혹은 수정해서 이미지를 만들면 나만의 케이크 이미지를 만들 수 있다.

특히 계절 한정 메뉴나 이벤트성 메뉴처럼 짧은 기간만 운영하는 메뉴의 경우, 굳이 전문 촬영까지 할 필요 없이 AI 이미지로 빠르게 홍보물을 제작할 수 있다. "크리스마스 분위기의 핫초코, 마시멜로가 떠 있고 시나몬 스틱이 꽂혀 있음, 눈 내리는 배경, 따뜻한 조명"이라고 입력하면 계절감 넘치는 비주얼이 순식간에 완성되고 특별한 날(밸런타인데이, 핼러윈, 새해 혹은 결혼기념일 등 특정 날)을 입력하면 어울리는 테마로 이미지를 만들어 준다.

물론 한계도 있다. Text-to-Image로 만든 이미지는 실제 메뉴와 100% 동일하지 않기 때문에, 고객이 "사진이랑 다르네요."라고 느낄 수 있다. 따라서 이 방법은 실제 메뉴 사진이 필요한 메인 포스터보다는, 분위기 전달용 배너나 SNS 콘텐츠, 또는 메뉴 개발 단계에서의 시안 제작에 더 적합하다.

또 하나 팁을 주자면, 프롬프트는 구체적일수록 좋다. "떡볶이 사진"이라고만 입력하면 AI도 당황한다. 대신 "빨간 국물이 자작하게 있는 떡볶이, 어묵과 파가 고명으로 올라가 있음, 하얀 일회용 그릇, 길거리 분식 느낌, 따뜻한 김이 올라오는 모습"처럼 디테일하게 설명할수록 원하는 이미지에 가까워진다.

결국 Text-to-Image는 '아직 존재하지 않는 이미지'를 만들어 내는 마법 같은 도구다. 메뉴 개발 단계부터 홍보까지, 실제 촬영 전에 다양한 시안을 빠르게 테스트해 볼 수 있다는 점에서 자영업자에게는 시간과 비용을 절약해 주는 든든한 조력자가 되어 줄 것이다.

3. 나만의 포스터: 해외 디자인 레퍼런스를 우리 가게 스타일로 변형

가장 쉽고 강력한 방식이다. 인스타그램이나 핀터레스트, 구글 같은 검색사이트에서 "이런 느낌으로 만들고 싶다."는 레퍼런스 이미지를 찾았다면, 그것을 AI에게 보여주고 "이 디자인 스타일을 유지하되, 내용은 우리 가게의 메뉴와 문구로 바꿔줘."라고 요청하는 것이다.

이제 실제 사례를 통해 AI 포스터 제작의 위력을 체감해 보자.

1) Original Reference(기존 커피 포스터 디자인)

어느 해외 카페의 세련된 커피 포스터가 있다. 검은색 배경에 금색 텍스트로 커피 관련 문구가 적혀 있고, 중앙에는 알맞게 로스팅된 커피 빈이 수북이 담겨 있다. 전체적으로 고급스럽고 모던한 느낌이다. 이런 디자인을 디자이너에게 의뢰하면 최소 30만 원은 각오해야 한다.

2) PROMPT(AI에게 내린 명령)

이제 이 포스터를 우리 고깃집용으로 바꿔보자. AI에게 입력한 프롬프트는 이렇다.

'이 포스터의 레이아웃, 색감, 폰트 스타일을 그대로 유지하되, 커피 이미지는 고급스러운 고기 이미지로 교체하고, 'Premium Coffee' 텍스트는 'Premium BBQ'로, 하단에 'NEW ARRIVAL' 문구를 추가해 줘. 전체적인 고급스러운 분위기는 그대로 살려서.'

3) AFTER(고기 메뉴 포스터로 변경)

AI가 단 3초 만에 내놓은 결과물을 보면, 원본의 레이아웃과 색감, 폰트의 느낌은 그대로 유지되면서도, 중앙의 이미지는 먹음직스럽게 익은 고기로 바뀌어 있고, 텍스트는 'Premium BBQ', 'NEW ARRIVAL'로 깔끔하게 교체되어 있다. 배경의 질감, 금색 텍스트의 광택감, 전체적인 고급 레스토랑 분위기까지 완벽하게 재현되었다.

이 과정에 걸린 시간은? 프롬프트 작성 1분+AI 생성 시간 10초=총 1분 10초. 비용은? 무료 혹은 AI 도구 월 구독료에 포함. 만약 이걸 디자이너에게 맡겼다면 최소 30만 원에 일주일의 시간이 필요했을 것이다.

더 놀라운 건, 마음에 안 들면 프롬프트만 살짝 수정해서 다시 돌리면 된다는 점이다. '금색 대신 은색으로', '고기 이미지를 좀 더 크게', '배경을 검은색에서 진한 브라운으로' 같은 수정이 각각 3초면 완료된다. 무한 수정이 가능하고, 추가 비용도 없다.

아래 사진은 커피 사진을 고기 이미지로 직접 바꾼 예시이다.

> "이 디자인의
> 레이아웃과 색감은 그대로 유지하되, 커피 대신 고기 이미지로, 문구
> 는 'Premium BBQ', 'NEW ARRIVAL'로 변경해줘

이 방식이 혁명적인 이유는, 전 세계 최고 수준의 디자인 트렌드를 내 매장에 그대로 이식할 수 있기 때문이다. 과거에는 "해외 유명 레스토랑처럼 만들어 주세요."라고 디자이너에게 말해도 저작권 문제나 해석의 차이로 제대로 구현되지 않았다. 하지만 AI는 '스타일 학습'을 통해 원본의 미학적 코드를 추출하고, 이를 새로운 콘텐츠에 정확히 적용한다.

프롬프트의 마법: AI에게 주문하는 기술

AI는 강력한 도구지만, 사용하는 사람의 '질문 능력'에 따라 결과물의 품질이 천차만별로 갈린다. 디자인 제작을 할 때 사장님들이 흔히 저지르는 실수와, AI를 제대로 부려 먹기 위한 핵심 원칙을 정리했다.

1. 최대한 구체적으로 질문한다.

"맛있는 메뉴 추천해 줘." (X)

"30대 남성 직장인을 위한 조리가 간편한 매운맛 점심 메뉴 5가지 추천해 줘." (O)

이 원칙은 포스터 제작에도 똑같이 적용된다. '예쁜 포스터 만들어

줘.'라고 하면 AI는 방향을 잡지 못한다. 하지만 "20대 여성 타깃, 파스텔톤 핑크와 베이지 색상, 손 글씨 느낌의 폰트, 브런치 카페 분위기, '주말 모닝 세트 30% 할인' 문구 강조."라고 구체적으로 입력하면, AI는 정확히 원하는 스타일의 포스터를 만들어 낸다.

프롬프트 작성 시 포함해야 할 요소:

타깃 고객(20대 여성, 40대 남성, 가족 단위 등)

색상 톤(파스텔, 비비드, 모노톤, 따뜻한 색감 등)

분위기(고급스러운, 캐주얼한, 빈티지, 모던 등)

강조할 문구와 그 위치 참고할 만한 스타일(예: 스타벅스 같은 깔끔한 느낌)

2. 지속적인 수정+학습=완성

한 번에 완벽한 결과물이 나올 거라 기대하지 말자. 대화를 주고받으며 AI에게 우리 가게의 스타일을 학습시켜야 한다.

첫 번째 시안이 나왔을 때, 마음에 들지 않는다고 포기하지 말고, 구체적으로 '어떤 부분이 마음에 안 드는지' 피드백을 주자. '폰트가 너무 딱딱해 보여. 좀 더 부드러운 느낌으로.', '고기 이미지가 너무 작아. 화면의 60% 정도 차지하게 해줘.', '빨간색이 너무 강렬해. 톤을 30% 정도 낮춰줘.' 같은 식이다.

AI는 이런 피드백을 통해 사장님의 취향과 브랜드 정체성을 학습한다. 3~4번의 수정을 거치면, AI는 '아, 이 이런 스타일을 선호하는구나.'를 이해하고, 이후부터는 첫 시안부터 정확도가 높아진다.

실제로 한 카페 사장님은 처음 AI로 포스터를 만들 때 열 번의 수정을 거쳤지만, 한 달 후에는 두세 번의 수정만으로 원하는 결과물을 얻게 되었다고 한다. AI가 해당 매장의 '브랜드 가이드'를 내재화한 것이다.

3. 정확성을 요하는 것은 팩트 체크

AI는 창의적인 작업에는 탁월하지만, 숫자나 사실 정보에는 오류가 있을 수 있다. 특히 메뉴 가격, 영업시간, 전화번호, 주소 같은 중요 정보는 AI가 생성한 후 반드시 직접 확인해야 한다.

예를 들어, AI가 "떡볶이 세트 8,000원"이라고 포스터에 넣었는데, 실제 가격은 8,500원이라면 큰 문제가 된다. 고객은 포스터를 보고 8,000원을 기대하고 왔는데, 500원 차이로 신뢰를 잃을 수 있다.

마찬가지로, AI가 자동으로 생성한 이벤트 기간("12월 1일~31일")이 실제 계획과 다를 수 있다. 이런 부분은 최종 결과물을 출력하거나 게시하기 전에 꼼꼼히 검토해야 한다. 창의성은 AI에게, 정확성은 사람이. 이 역할 분담만 명확히 하면, AI는 사장님의 가장 믿음직한 디자인 파트너가 된다.

그 외에 이미지를 만들 수 있는 방법은 한계가 없다. 요즘 감각적인 카페나 레스토랑에 가면 벽면에 큰 그림이나 일러스트가 걸려 있는 걸 자주 본다. 이런 작품들은 보통 전문 작가에게 의뢰하거나 갤러리에서 구매하는데, 가격이 최소 수십만 원에서 수백만 원까지 간다.

하지만 AI는 이것도 해결한다. 얼마 전 직접 부천 상동의 한 고깃집을 직접 기획했는데 매장 벽면에 메뉴판이나 브랜드 스토리 대신 AI로 수채화풍 그림을 그려서 고화질로 인쇄해 걸었다.

AI가 생성한 그림은 전문 화가의 작품으로 오인할 정도로 완성도가 높았다. 이 이미지를 고해상도 파일로 저장해 대형 인쇄소에 보냈고, A5 사이즈로 인쇄하는 데 4장에 15만 원이 들었다. 작가에게 의뢰했다면 최소 200만 원은 들었을 작업이다.

손님들은 '그림이 너무 멋지다', '누가 그렸냐'고 물었고, 'AI가 그렸다'고 당당히 대답했다. 일부 손님들은 놀라워하며 "AI가 이런 것도 돼요?"라며 매장의 혁신적인 이미지에 감탄했다.

이런 방식으로 매장의 브랜드 아이덴티티를 시각적으로 강화하면, 인테리어 비용을 절감하면서도 고객에게 강한 인상을 남길 수 있다. AI는 추상화, 일러스트, 사진 콜라주 등 다양한 스타일의 작품을 생성할 수 있으므로, 매장 콘셉트에 맞춰 무한히 활용 가능하다.

　그 외에 로고 디자인이나 메뉴판, SNS 콘텐츠 제작 등 이미지가 필요한 거의 모든 작업이 AI로 가능하다. AI는 이 모든 걸 해결한다. 앞서서 언급했던 포스터, 디자인 등에 '로고용'을 '인스타그램 업로드용'이라고만 첨부해도 원하는 이미지들을 만들 수 있다.

　이제 실전에 바로 써먹을 수 있는 AI 디자인 도구들을 소개한다. 각 도구는 사장님의 예산과 필요에 따라 선택할 수 있다. 시작은 모두 무료로 체험할 수 있으니 각자 상황에 맞는 툴을 사용해 보고 필요에 따라 유료로 전환하면 된다.

1) 제미나이(Gemini)

- 용도: 텍스트 중심 콘텐츠(SNS 문구, 메뉴 설명, 블로그 포스팅)
- 장점: 완전 무료, 최신 정보 반영, 딥리서치(Deep Research) 기능으로 심층 분석 가능
- 단점: 이미지 생성 기능은 제한적

2) 젠스파크(Genspark)

- 용도: 종합 AI 어시스턴트, 디자인 +텍스트+데이터 분석
- 장점: 한국어 지원 우수, 실시간 검색 기능
- 단점: 신생 서비스라 일부 기능은 발전 중

3) 캔바(Canva AI)

- 용도: 메뉴판, 포스터, SNS 콘텐츠, 명함 등 모든 디자인
- 장점: 템플릿이 풍부, 직관적인 편집 인터페이스, 무료 버전도 충분히 쓸만함
- 단점: 고급 기능은 유료(월 $12.99)

4) 구글 AI 스튜디오(Google AI Studio)

- 용도: 최고 품질의 이미지 생성 (고화질 출력 가능)
- 장점: 퀄리티가 압도적, 사진처럼 사실적인 이미지 생성

- 단점: 개발자용 인터페이스라 일반인이 사용하기 복잡

- 완전 무료로 시작하고 싶다면: 제미나이+Canva 무료 버전

Part 3을 마치며

이제 디자인은 장벽이 아니다. 과거에는 자본이 있는 대기업만이 고퀄리티 디자인과 마케팅을 독점했다. 자영업자는 예산 부족으로 어쩔 수 없이 '무난한' 디자인, '그냥 그런' 홍보물에 만족해야 했다. 그 결과, 브랜드 가치에서 대기업과의 격차는 점점 벌어졌다.

하지만 AI는 그 판을 완전히 뒤집었다. 이제 자영업자도 대기업 못지않은, 아니 어쩌면 더 개성 있고 감각적인 디자인을 만들어 낼 수 있다. 로고, 포스터, 메뉴판, SNS 콘텐츠, 인테리어 비주얼까지. 과거에 수백만 원 들여 외주를 맡겨야 했던 모든 작업을 이제는 사장님의 손끝에서, 단 몇 분 만에, 거의 무료로 해낼 수 있다.

중요한 건 '실행'이다. 이 글을 읽고 "나도 한번 해볼까?"라고 생각만 하면 아무 일도 일어나지 않는다. 지금 당장 스마트폰을 꺼내 AI 앱을 다운로드하고, 첫 번째 프롬프트를 입력해 보자. 처음엔 어색하고 결과물이 마음에 안 들 수도 있다. 하지만 세 번, 다섯 번, 열 번 시도하다 보면 어느새 여러분도 AI를 자유자재로 부리는 '디자인 사장님'이 되어 있을 것이다.

디자인 외주비 '0원의 기적'. 이제 그 기적의 주인공은 바로 여러분이다.

디자인의 완성도를 높이는 한 끗: '진정성'

AI로 만든 이미지가 너무 완벽해서 오히려 '가짜'처럼 보일까 걱정된다면? AI가 만든 매끈한 이미지 위에 사장님의 '손 글씨'나 '투박한 진심이 담긴 문구'를 얹어보자.

- 예시: AI가 만든 화려한 고기 포스터 구석에 "오늘 새벽 마장동에서 사장님이 직접 눈으로 보고 가져왔습니다."라는 문구를 캘리그라피 폰트로 넣는 식이다. 기술의 세련됨과 사람의 투박함이 만날 때, 고객은 가장 큰 매력을 느낀다.

Part 4.
메뉴 기획

팔리는 메뉴는 이름부터 다르다

맛만 좋으면 망한다: 실패하지 않는 기획 3요소

외식업 매장을 운영함에 있어 '메뉴'라는 것은 단순한 판매하는 음식의 목록만을 의미하는 것은 아니다. 한 브랜드의 정체성이자 내 사업의 핵심이며, 고객 경험의 시작점이다.

즉, 단순히 맛있고 가성비 좋은 음식을 만드는 것이 아닌 '이 메뉴를 왜 판매하는가.'에 대한 명확한 답변이 필요하다. 맛이 좋으면 무조건 팔릴 거라는 기대는 과거의 유물이 되었다. 아무리 실력 있는 요리사라도 대중의 마음을 사로잡는 메뉴를 내놓기 어려운 이유는, 요리 실력과는 별개인 '사고 싶게 만드는 힘'이 필요하기 때문이다.

음식을 빗대어 예를 들었지만 음식이 아닌 어떠한 상품이라도(예: 옷, 미용용품, 생필품, 가전제품 등) 본래의 기능이 뛰어나다고 잘 팔리는 것은 아니다. 아이폰, 갤럭시가 많이 팔리는 이유가 꼭 기능이 뛰어나서가 아닌 이유와 일맥상통한다.

디자인 제작에서와 마찬가지로 기본적으로 대중들에게 알려지고 많이 팔리는 메뉴(상품)를 개발하기 위해서는 많은 자본과 인력이 필요하다. 대형 외식 기업들은 전문 R&D 팀을 운영하며, 트렌드 분석가, 메뉴 개발자, 푸드 스타일리스트, 마케터 등 각 분야의 전문가를 고용하고 지속적으로 사람들이 좋아할 만한 메뉴들을 출시한다. 이 과정이 단순히 가성비 좋고 맛있는 음식을 만드는 것을 만드는 것에 국한될까? 절대 그렇지 않다.

1월 새해맞이부터 2월 밸런타인데이, 3월 새 학기, 12월 크리스마스까지 매달 타깃 프로모션에 맞춘 메뉴 개발은 치열한 과정을 거친다. 수년간의 온라인 데이터 분석과 수백 회의 레시피 수정을 반복하고, 대량 구매를 통해 마진을 한계치까지 끌어올려 시장에 선보인다. 이러한 구조는 출시된 10개의 상품 중 단 하나만 메가 히트를 기록해도 나머지 시도의 손실을 모두 상쇄하고 압도적인 수익을 창출하는 '고효율 비즈니스 모델'을 지향한다.

하지만 자영업자는 이 구조가 불가능하다. 현실을 들여다보자. 하루 12시간 이상 주방과 홀을 오가며 직접 조리하고 서빙하는 와중에 틈틈이 메뉴 아이디어를 구상해야 한다. SNS를 뒤적이며 트렌드를 찾고, 유명하다는 맛집을 찾아다니며 벤치마킹하고, 밤잠을 설쳐가며 레시피를 테스트하는 일은 자영업자들에게 일상과도 같다. 하지만 안타깝게도 이러한 치열한 노력이 곧장 성공으로 이어지는 경우는 그리 많지 않다. 공들인 시간만큼의 결실을 보지 못하는 메뉴 개발 실패의 원인은 크게 3가지로 압축된다.

첫째, 객관적 데이터의 부재

대부분의 자영업자는 직관과 경험에 의존해 메뉴를 기획한다. "요즘 이게 유행이라더라.", "이 메뉴 맛있을 것 같은데.", "인스타그램에 조회 수 높은 매장의 메뉴가 좋아 보이더라." 같은 주관적 판단이 의사결정의 기준이 된다. 하지만 이러한 직관 위주의 기획은 데이터가 뒷받침되지 않은 '운'에 의존하는 도박이 될 위험이 크다. 대기업이 시스템화된 프로세스를 통해 트렌드를 분석하고 리스크를 최소화하는 것과 달리, 자영업자에게는 단 한 번의 메뉴 실패가 경영 전체를 흔드는 치명적인 타격이 될 수 있기 때문이다.

둘째, 체계적 분석 도구의 부재

트렌드를 포착하더라도 이를 자신의 브랜드에 어떻게 적용할지, 타깃 고객이 실제로 원하는지를 검증할 방법이 없다. 결국 수집한 데이터를 가지고도 활용하지 못하고 그걸 우리 가게에 어떻게 녹여낼지, 손님들이 진짜 지갑을 열지 판단할 기준 없이 막연한 짐작으로 결정을 내리게 된다. 이는 우리 가게만의 매력과 유행이 따로 노는 결과를 초래한다. 결국 가게의 중심을 잡지 못한 채 유행만 좇다가 단골손님까지 놓치게 되는 경우가 많다.

셋째, 실행 단계에서의 한계

좋은 아이디어나 완성도가 있는 상품이 있더라도 네이밍, 스토리텔링, 비주얼 구현까지 완성하여 말 그대로 '고객에게 팔리는 상품'으로 출시하려면 전문가의 도움이 필요한데, 이는 곧 비용 증가로 이어진다.

이러한 구조적 한계는 자영업자와 대기업 간의 격차를 더욱 벌린다. 대기업은 시스템화된 메뉴 개발 프로세스를 통해 지속적으로 신제품을 출시하며 시장을 선도하지만 자영업자는 몇 년째 같은 메뉴로 버티거나, 무리하게 신메뉴를 출시했다가 실패하는 악순환을 반복한다.

그러나 AI의 등장은 이 게임의 규칙을 근본적으로 바꾸고 있다. AI는 대기업이 수십 명의 인력과 막대한 예산을 들여 수행하던 트렌드 분석, 고객 인사이트 도출, 네이밍 개발, 스토리텔링 구축, 비주얼 디자인을 단 한 사람이 손쉽게 실행할 수 있게 만들었다. 고가의 컨설팅이나 전문가 고용이 현실적으로 불가능한 자영업자라면 AI와 친숙해져서 이를 최대한 활용하는 방법을 아는 것이 필수적 생존 전략이다.

    AI가 바꿀 대한민국 외식업

트렌드 사냥꾼:
강남역 유행을 우리 동네로

서론이 길었다. 그렇다면 성공적인 메뉴 개발을 하려면 가장 먼저 무엇부터 해야 할까? 연습을 통한 요리 실력 향상? 벤치마킹 능력? 주 1회 이상의 맛집 투어에 따른 벤치마킹? 이 모든 노력에 앞서 가장 선행되어야 할 본질적인 출발점은 바로 시장의 흐름, 즉 트렌드를 정확히 파악하는 것이다. 그러나 여기서 말하는 트렌드는 단순히 '요즘 뭐가 유행한다더라.'라는 피상적 정보가 아니라 소비자의 욕구 변화를 읽고, 시장의 공백을 발견하며, 경쟁자들 사이에서 내 브랜드가 나아갈 최적의 경로를 찾아내는 행위이다.

전통적으로 이러한 트렌드 분석은 전문 분석 기관의 영역이었다. 수백만 원에서 수천만 원을 지불하고 시장 조사 보고서를 의뢰하거나, 트렌드 분석 전문가를 고용해야 했다. 자영업자가 접근할 수 있는 방법은 언론 보도를 통하거나, SNS상의 검색 혹은 주변 맛집을 방문해 체험하는 정도가 전부였다.

하지만 AI는 이 과정을 혁명적으로 변화시켰다. 챗GPT, 클로드, 제미나이 같은 생성형 AI는 인터넷상의 방대한 데이터를 학습했으며, AI에게 질문하면 즉시 트렌드 분석 결과를 제공한다. 더 중요한 것은 단순히 정보를 나열하는 것이 아니라, 질문의 맥락을 이해하고 필요한 인사이트를 도출한다는 점이다.

그렇다면 AI를 통해 트렌드 분석을 하려면 어떻게 해야 할까? 효과적인 AI 트렌드 분석은 질문을 얼마만큼 구체적으로 하느냐에 따라 답변의 깊이가 달라진다. '요즘 외식업 트렌드가 뭐야?'라는 막연한 질문으로는 반쪽짜리 답밖에 얻을 수가 없다. 질문자가 필요로 하는 실제적인 질문을 해야 한다.

예를 들어 "2025년 서울 강남(역삼~강남역 상권) 20~30대 직장인을 타깃으로 하는 이탈리안 레스토랑의 메뉴 트렌드를 분석해 줘. 특히 파스타와 피자 카테고리에서 최근 6개월간 SNS에서 화제가 된 메뉴와 그 성공 요인을 알려줘."라고 질문한다면, AI는 훨씬 구체적이고 실행 가능한 인사이트를 제공한다.

강남과 이탈리안 레스토랑에 대한 질문을 언급했지만 트렌드 분석의 범위는 메뉴 아이템과 지역에 국한되지 않는다. 식재료 트렌드, 조리법 트렌드, 플레이팅 트렌드, 네이밍 트렌드, 가격대 전략까지 포괄한다. 예를 들어보자. "최근 MZ세대가 선호하는 한식 퓨전 메뉴의 식재료 조합 패턴을 분석하고, 성공 사례 5가지와 각 메뉴의 차별화 포인트를 정리해 줘."라고 요청하면, AI는 구체적인 식재료 조합, 맛의 밸런스, 비주얼 포인트까지 제시한다.

더 나아가 AI는 여러 데이터들을 통합해 분석할 수 있다. SNS 해시태그 분석, 음식 배달 앱 리뷰 분석, 맛집 블로그 키워드 분석, 유튜브 먹방 트렌드 분석을 동시에 수행하고, 이를 종합해 하나의 인사이트로 제시한다. 이는 과거 수십 명의 조사원이 몇 주에 걸쳐 수행하던 작업을 단 몇 분으로 압축한 것이다.

실전 적용 사례를 보자. 경기도 용인의 한 카페 사장님은 AI에게 "우리 상권(경기도 용인)에서 최근 3개월간 인기 있는 음료 트렌드와 그 이유를 분석해 줘. 특히 경쟁 카페들이 놓치고 있는 빈틈을 찾아줘."라고 질문했다.

AI는 해당 지역의 인구 구성, 유동 인구 특성, 주변 카페들의 메뉴 구성을 분석한 뒤, "해당 상권의 큰 기회는 '웰니스(Everyday Wellness)'와 '로컬 커뮤니티'의 결합에 있습니다. 단순히 딸기 음료를 파는 것이 아니라, '용인 지역 러닝 크루를 위한 저칼로리 비타민 딸기스무디'와 같은 명확한 타깃팅이 대기업과의 경쟁에서 이길 수 있는 무기입니다."라는 답변을 내놓았고 이를 바탕으로 개발한 '제로 저칼로리 비타민 딸기 시리즈'는 출시 1개월 만에 해당 카페의 베스트셀러가 되었다.

구분	경쟁사의 현황	사장님이 노려야 할 '빈틈'
로컬 스토리텔링	대기업 메뉴의 복제	용인 특산품 혹은 지역 전설을 담은 메뉴 (예: 백암순대 상권 근처의 식후 소화 기능성 차 등)
커뮤니티 허브	단순 음료 판매 공간	러닝, 리빙 마켓 등 지역 소모임과 연계된 '커뮤니티 전용 세트 메뉴' 기획
기능성 핫 드링크	커피 위주의 따뜻한 음료	'숙면'이나 '면역력'에 집중한 논알코올 기능성 핫 칵테일 (뱅쇼를 넘어선 허브 조합)
드라이브스루 특화	매장 내 취식 중심	용인의 도로망 특성을 고려한, 운전 중에도 흐르지 않고 맛이 유지되는 고품질 RTD 스페셜티

이처럼 트렌드 분석에서 중요한 것은 단순히 유행을 따라가는 게 아니라, 자신의 브랜드 정체성과 조화를 이루는 지점을 찾는 것이다. AI는 추상적이거나 단순한 질문보다는 이러한 맥락을 이해하는 질문을 좋아하며 질문이 구체적일수록 답변도 구체적이다. "우리 브랜드는 '정통 한식'을 지향하는데, 최신 트렌드를 접목하면서도 정체성을 잃지 않는 방법을 제안해 줘."라고 요청하면, AI는 전통과 혁신의 균형을 고려한 메뉴 방향을 제시한다.

네이밍 과학:
단어 하나로 가격 올리는 법

"몇 년 전, 한 TV 프로그램이 수원의 어느 재래시장 구석에 숨어 있던 '30년 내공의 탕수육 장인'을 조명한 적이 있다. 이름난 중식 대가들조차 카메라 앞에서 '인생 탕수육'이라며 극찬을 아끼지 않았던 곳이었는데 그곳 탕수육의 비결은 반죽에 녹인 버터와 달걀흰자였던 것으로 기억한다. 다른 탕수육 맛집들이 바삭한 탕수육의 식감을 강조할 때 역으로 극강의 고소함을 차별화로 내세운 것이다.

하지만 왜 이 대단한 맛집이 30년간 전국구 맛집으로 등극하지 못했을까? 마케팅 부족과 재래시장 안에 위치한 원인 등이 있겠지만, 결정적인 원인 '너무 겸손했다'는 데 있다. 맛은 좋으나 비주얼은 일반 탕수육과 구별되지 않는 데다가 메뉴판에는 그저 무심하게 '탕수육' 세 글자만 적혀 있었으니 대중들에게는 단순히 조금 더 맛있는 보통 탕수육이었던 것, 그것이 바로 '아는 사람만 아는 맛집'으로 남게 된 가장 큰 이유일 것이다. 메뉴판에 '고소함의 극치 구름버터 탕수육'이라고 적고 탕수육 설명을 표현했다면 하는 아쉬움이 있다.

이처럼 메뉴의 이름은 단순한 식별 기호가 아니다. 좋은 네이밍은 고객의 호기심을 자극하고, 브랜드 정체성을 강화하며, 주문 의도를 높인다. 윌리엄 시트웰의 저서 『외식의 역사』에 보면 "어떤 음식을 묘사하는데 동일한 음식이라도 평균 길이보다 글자 하나가 더 늘어날수록 음식값이 평균 18센트(약 70원)가 비싸진다."라고 주장한다. 실제로 여러 마케팅 연구들을 조사하더라도 메뉴 이름만 바꿔도 매출이 20~30% 증가하는 사례는 수두룩하다. 동일한 요리라도 '돼지고기 덮밥'과 '직화 제주 흑돼지 덮밥'은 고객에게 전혀 다른 가치를 전달한다.

일반 볶음밥보다는 새우볶음밥이, 새우볶음밥보다는 애월 딱새우볶음밥이 이름만으로도 더 큰 가치를 가지고 있다고 느껴지는 식이다.

이렇게 더 가치 있게 느껴지는 메뉴 네이밍은 구체성과 스토리텔링이 핵심 원칙이다.

구체성

막연한 이름보다 식재료, 조리법, 원산지 등을 명확히 표현한 이름이 신뢰를 준다. '샐러드'보다 '케일과 퀴노아 그린 샐러드'가, '스테이크'보다 '숙성 채끝 스테이크'가 더 높은 가격을 정당화한다.

구체성은 단순히 길게 쓰는 것이 아니다. 고객이 '정확히 무엇을 먹는지' 알 수 있게 만드는 것이다. 실제로 코넬대학교 식품심리학 연구소의 브라이언 완싱크 교수 연구팀은 메뉴명의 구체성과 매출 간의 상관관계를 실증적으로 분석했다. 같은 초콜릿 케이크를 '초콜릿 케이크'와 '벨기에 다크 초콜릿 케이크'로 나누어 판매했을 때, 후자의 판매율이 27% 더 높았다. 가격은 동일했음에도 불구하고 말이다.

'소고기 스테이크'보다 '한우 1등급 채끝 스테이크', '샐러드'보다 '유기농 로메인과 루콜라 믹스 샐러드'처럼 원산지, 등급, 품종을 명시한다. 특히 프리미엄 식재료를 사용한다면 이를 숨길 이유가 없다. '국내산 돼지고기'를 쓴다면 '국내산 삼겹살'로, 더 나아가 '제주 흑돼지 삼겹살'로, 심지어 '제주 금산리 흑돼지 항정살'처럼 세분화할수록 고객은 프리미엄을 인식한다.

조리법을 구체화할 수도 있다. '구운 닭'보다 '참나무 장작불에 48시간 숙성 후 구운 통닭', '볶음밥'보다 '중화 웍에 고온으로 볶아낸 새우볶음밥'처럼 조리 과정과 시간, 온도, 도구를 명시한다. 서울 동대문구의 40년이 된 중식당은 '중화 웍 600℃ 고열 볶음'이라는 표현을 짬뽕 메뉴명에 추가했더니 주문율이 20% 증가했다. 고객들은 단순히 '볶은 것'이 아니라 '600도 고열로 순식간에 볶아낸' 요리에 더 높은 가치를 부여한 것이다.

더 나아가 맛과 식감의 구체성을 표현할 수도 있다. '바삭한', '촉촉한', '쫄깃한', '부드러운' 같은 감각적 표현은 고객의 상상을 자극한다. '파스타'보다 '알단테로 삶아낸 쫄깃한 파스타', '치킨'보다 '바삭한 튀김옷의 크리스피 치킨'처럼 식감을 강조하면 먹어보지 않아도 입안에서 느껴지는 듯한 효과를 준다.

문제는 많은 자영업자들이 구체성을 '복잡함'으로 오해한다는 점이다. '메뉴명이 너무 길면 손님이 읽지 않지 않을까?'라는 우려 때문에 단순한 이름을 고집한다. 하지만 실상은 정반대다. 배달의민족, 쿠팡이츠 같은 배달 앱에서도 구체적이고 상세한 메뉴명이 더 높은 클릭률을 기록한다. '제주 흑돼지 김치찌개'가 단순히 '김치찌개'보다 2배 이상 선택받는 이유는 명확하다. 고객은 '무엇을 먹는지' 정확히 알고 싶어 한다.

브랜드 기획 전문가가 해왔던 이런 메뉴의 구체적인 표현을 AI는 누구나 쉽게 구현할 수 있게 만들었다. 기본 정보만 입력하면 AI가 다양한 구체적 표현을 제안한다. "우리 가게 햄버거는 호주산 소고기 패티 150g, 국내산 토마토, 로메인 상추, 체더치즈를 사용해. 이걸 바탕으로 구체적인 메뉴명 5개 만들어 줘."라고 요청하면, AI는 '150g 순수 소고기 패티 클래식 버거', '국내산 토마토와 체더치즈 소고기 버거', '두툼한 150g 프리미엄 비프 버거' 등 다양한 버전을 즉시 생성한다.

구체성은 신뢰를 만든다. 막연한 '좋은 재료'가 아니라 '제주 금산리 흑돼지'라고 말할 때, 고객은 사장님이 식재료에 진심이라고 느낀다. 단순한 '정성껏 조리'가 아니라 '12시간 숙성, 2.5cm 두께, 180도에서 3분 굽기'라고 말할 때, 고객은 이 가게만의 노하우가 있다고 믿는다.

이제 AI를 통해 내 브랜드 주력 메뉴의 구체적인 이름을 만들어 보자.

예시: "우리 가게 대표 메뉴는 김치찌개야. 6개월 숙성 김치, 국내산 난축맛돈 삼겹살, 멸치·다시마·말린 표고·구운 대파로 우려낸 육수를 사용해. 이 재료의 구체성을 살린 메뉴명 3개 만들어 줘."

번호	메뉴명	핵심 포인트
1	6개월 숙성 김치와 난축맛돈 삼겹살 김치찌개	숙성 기간과 프리미엄 돼지고기 브랜드를 직접 명시하여 식재료의 품질을 강조
2	멸치, 표고, 다시마 육수로 끓인 6개월 숙성 김치찌개	육수의 재료를 구체적으로 나열하여 깊은 맛의 근원을 전달
3	난축맛돈과 6개월 묵은지 김치찌개 (구운 대파 육수)	프리미엄 돼지고기와 묵은지를 강조하고, 육수의 특별함을 부가 정보로 제공

스토리텔링

이름 자체에 이야기가 담기면 고객은 단순한 음식이 아닌 경험을 구매한다고 느낀다. 단순히 메뉴명을 나열하는 수준을 넘어, 그 안에 담긴 시간의 무게나 제작자의 철학, 혹은 고객이 얻게 될 감정적 가치를 투영하는 것이 핵심이다.

'오늘날의 소비자는 단순히 음식을 사는 것이 아니라 이야기를 산다.' 라는 말은 많이 들어봤을 것이다. 같은 커피라도 '공정 무역 에티오피아 원두를 로스터리 챔피언이 직접 로스팅하고, 바리스타가 핸드드립으로 정성껏 추출했습니다.'라는 스토리가 있으면 기꺼이 2배의 가격을 지불한다. 이것이 스토리텔링의 힘이다.

그럼 메뉴 스토리텔링은 어떻게 만들어 볼 수 있을까? 크게 4가지 주제만 알고 있다면 AI로 손쉽게 만들어 볼 수 있다.

첫째, 식재료의 스토리다. 원산지, 생산자, 재배 방식, 수확 시기 등 식재료의 배경을 소개한다. 둘째, 조리법의 스토리다. 300도 고열에 10초간 굽는 방식, 12시간 숙성, 셰프의 노하우, 조리 시간과 정성 등을 강조한다. 셋째, 브랜드의 스토리다. 왜 이 메뉴를 만들게 되었는지, 어떤 철학을 담았는지를 전달한다. 넷째, 경험의 스토리다. 이 메뉴를 먹으면 어떤 감정을 느낄지, 어떤 순간에 어울리는지를 그린다.

간혹 내가 만든 음식은 맛도 있고 영양도 풍부하며 가격도 저렴하고 전국에서 이곳에서만 먹을 수 있다는 소위 '만병통치약' 식의 주장을 하는 곳들이 있는데, 이는 사실도 아닐뿐더러 설사 사실일지라도 대중들에게 매력을 느끼게 하기에는 어렵다. 한두 가지 특징을 극대화해서 그걸 스토리로 풀어내야 비로소 매력적인 메뉴 스토리를 만들 수 있다.

스토리텔링의 길이와 형식은 채널에 따라 달라진다. 메뉴판에는 한두 줄의 짧은 설명, 인스타그램에는 감성적인 중간 길이의 글, 블로그에는 상세한 배경 이야기가 적합하다. AI에게 "같은 메뉴를 메뉴판용 20자, SNS용 100자, 블로그용 300자로 각각 써줘."라고 요청하면 채널별 최적화된 버전을 동시에 받을 수 있다.

감성적 톤 조절도 가능하다. '고급스럽고 세련된 느낌으로', '친근하고 편안한 느낌으로', '유머러스하고 재미있는 느낌으로' 등 원하는 감성을 지정하면 AI는 그에 맞는 문체로 작성한다. 동일한 파스타 메뉴도 프리미엄 레스토랑용과 캐주얼 비스트로용은 완전히 다른 스토리로 표현된다.

서울 강남의 한 카페는 AI로 생성한 메뉴 스토리를 메뉴판과 테이블 POP에 적용했다. '에티오피아 예가체프 원두를 중약배전하여 플로럴한 향과 밝은 산미를 살렸습니다.', '아침 햇살처럼 상쾌한 하루를 시작하세요.'와 같은 짧지만 감성적인 문구가 고객의 주목을 끌었고, 해당 커피 메뉴는 전월 대비 매출이 50% 증가했다.

스토리텔링은 단순히 판매를 위한 수단이 아니다. 브랜드 정체성을 구축하고, 고객과 감정적 연결을 만들며, 경쟁자와 차별화하는 전략적 도구다. AI는 이 강력한 도구를 누구나 사용할 수 있게 만들었다.

이제 AI를 통해 내 브랜드 주력 메뉴의 스토리를 하나 만들어 보자.

그밖에 차별화된 네이밍

경쟁자와 다른 독특한 네이밍은 기억에 남고 입소문을 낳는다. 전통적으로 마케팅 대행사가 만들어 낸 한 줄의 카피라이팅을 통해 상품의 인지도를 높이고, 그런 카피라이팅을 뽑아내는 대행사가 높은 평가를 받아왔다. 반면 많은 자영업자는 네이밍의 중요성을 간과하거나 막연한 고민 끝에 평범한 이름으로 타협하거나, 경쟁자를 모방하는 수준에 그치기 쉽다.

AI는 이러한 네이밍 개발 과정을 누구나 할 수 있도록 변화시켰다. 프롬프트 엔지니어링(적절하고 구체적인 질문)을 통해 전문가 수준의 네이밍을 무한대로 생성할 수 있다. 핵심은 AI에게 충분한 맥락 정보를 제공하는 것이다.

매력적인 메뉴 네이밍을 만들기 위한 질문의 공식은 대략 이런 식이다.
[정체성]+[차별화]+[콘셉트]

1단계: [정체성] – 메뉴의 핵심 정보 이 메뉴의 주재료, 조리법, 맛의
　　　 특징(매콤함, 고소함 등)

2단계: [차별화] – 우리 가게만의 스토리 메뉴의 지역, 사장님의 고
　　　 집, 손님이 얻는 가치, 브랜드의 가치

3단계: [콘셉트] – 타깃 고객이 직장인인지 MZ세대인지 혹은 가족
　　　 단위인지 혼밥족인지, 매장의 무드는 세련된 느낌인지, 고급
　　　 스러운지, 캐주얼한지, 진지한지 등

위의 공식을 대입해서 제미나이에게 질문을 한번 해보자.

"파스타 이름 10개 추천해 줘."라는 단순한 요청보다, "우리 레스토랑
은 '이탈리아 시칠리아 가정식'을 콘셉트로 하는 캐주얼 다이닝이야(차별
화). 타깃 고객은 20~30대 데이트족이고(콘셉트), 가격대는 2만 원대야.
토마토 베이스 해산물 파스타(정체성)의 네이밍을 10개 만들어 줘. 각 이
름마다 어떤 감성을 전달하는지 설명해 줘."라고 요청하면 훨씬 정교한
결과를 얻는다.

번호	메뉴 네이밍	전달하는 감성 (핵심 메시지)
1	시칠리아 태양의 선물, 지중해 해산물 파스타	지중해의 풍요로움과 신선한 이미지
2	팔레르모 항구의 아침, 바다 내음 토마토 파스타	항구의 활기찬 아침과 생동감 넘치는 맛
3	논나(Nonna)의 비밀 레시피, 시칠리아식 해물 파스타	할머니의 따뜻한 손맛과 정통 가정식의 깊이
4	타오르미나의 석양을 담은 레드 시푸드 파스타	데이트에 어울리는 로맨틱하고 특별한 분위기
5	어부의 수확, 듬뿍 담은 제철 해산물 파스타	어부의 정직함이 담긴 풍성하고 만족스러운 양
6	지중해의 붉은 열정, 매콤한 시칠리아 해물 파스타	2030 취향의 화끈하고 강렬한 에너지
7	에트나 화산의 열기, 진한 풍미의 토마토 해산물 파스타	화산처럼 깊고 진한 소스의 응축된 풍미
8	첫눈에 반한 시칠리아, 데이트를 위한 로맨틱 시푸드	연인들을 위한 설렘과 성공적인 데이트 예감
9	바다의 정수, 천천히 끓여낸 슬로우 토마토 파스타	정성으로 끓여낸 건강하고 대접받는 느낌
10	우리가 시칠리아에서 맛본 그 맛, 추억의 해물 파스타	현지의 향수와 이국적인 여행의 대리 만족

AI 네이밍의 강점은 다양한 방향성을 동시에 탐색할 수 있다는 점이다. 같은 메뉴에 대해 프리미엄 방향, 친근한 방향, 유머러스한 방향, 전통적인 방향 등 여러 버전을 생성하고 비교할 수 있다. 예를 들어 딸기

디저트로 네이밍을 만들 때 같은 딸기 디저트라도 (차별화)나 (콘셉트), (정체성)을 조금만 변경할 경우,

'프리미엄 딸기 타르트', '할머니의 딸기 파이', '딸기가 폭발했다!', '논산 설향 딸기 케이크' 등 다양한 감성의 이름을 순식간에 도출할 수 있다.

더 구체적으로 질문할 수 있다. "메뉴 이름은 최대 15자 이내, 한글과 영어 혼용 가능, 발음이 쉽고 기억하기 좋은 이름, 경쟁 업체와 중복되지 않는 독창적인 이름"과 같이 구체적인 조건을 제시하면, AI는 이를 모두 충족하는 결과를 생성한다.

또한 네이밍에 브랜드 철학을 반영할 수 있다. "우리 브랜드는 '지속 가능성'과 '로컬 푸드'를 가치로 한다. 이를 반영한 샌드위치 메뉴 네이밍을 제안해 줘."라고 하면, AI는 '로컬 제철 채소 샌드위치', '근교 농장 직송 그릴 샌드위치' 같은 가치 중심 네이밍을 제시한다.

광주의 한 일식당 사장님은 AI를 활용해 기존 메뉴의 네이밍을 전면 개편했다. '연어초밥'을 '노르웨이 연어 히카리 세트'로, '회덮밥'을 '제주 바다 속살 덮밥'으로 바꾼 결과, 동일한 메뉴의 주문율이 평균 30% 상승했다. 다수의 고객들이 "이름만 봐도 맛있을 것 같다."는 반응을 보이며 주문율이 상승했다.

네이밍은 메뉴판에서 끝나지 않는다. 브랜드만의 차별화된 네이밍을 가진 메뉴는 활용도 또한 무궁무진하다. SNS 마케팅, 배달 앱 노출, 구전 효과 모두 네이밍에서 시작된다. AI가 만든 매력적인 이름은 그 자체로 마케팅 자산이 된다.

이제 AI를 통해 내 브랜드 주력 메뉴의 네이밍을 하나 만들어 보자.

AI 프롬프트 입력

________의 네이밍을 짓고 싶어(내 매장의 주력 메뉴).
________에서 15년 동안 2대째 ________을 팔고 있고(매장의 위치, 로케이션) 도축장에서 도축한 돼지를 새벽에 나가서 경매를 받아와(다른 매장과의 차별점). 최소 12시간 15도에서 숙성해서 손님상에 내놓고, 두께도 2.5cm로 유지해 백 번 이상 테스트해 봤는데 그 두께가 가장 맛있더라고. 이 특징을 살린 삼겹살 네이밍을 10개만 지어줘.

1년 내내
신메뉴 기획하기

외식업의 생명은 신선함이다. 아무리 맛있는 메뉴도 몇 년째 그대로면 고객은 식상해한다. 반면 꾸준히 신메뉴를 출시하고 시즌 메뉴를 운영하는 브랜드는 고객의 재방문을 유도하고 화제성을 유지한다.

그러나 현실은 녹록지 않다. 신메뉴 개발은 시간과 비용, 위험을 수반한다. 레시피 개발, 테스트, 원가 계산, 직원 교육, 마케팅 준비까지 고려하면 1개의 신메뉴를 제대로 출시하는 데 수개월이 걸린다. 실패하면 재료비 손실과 브랜드 이미지 타격을 입는다.

AI는 신메뉴 개발의 리스크를 획기적으로 낮춘다. 아이디어 단계에서부터 시장 검증, 레시피 초안, 네이밍, 마케팅까지 사전 시뮬레이션이 가능하기 때문이다. 실제 조리 전에 대부분의 불확실성을 제거할 수 있다.

시즌 메뉴 기획의 표준 프로세스를 보자. 1분기에는 봄 시즌 메뉴(벚꽃, 딸기, 새싹 채소 등), 2분기에는 여름 시즌 메뉴(망고, 수박, 시원한 음료 등), 3분기에는 가을 시즌 메뉴(단호박, 밤, 고구마 등), 4분기에는 겨울 시즌 메뉴(귤, 유자, 따뜻한 수프 등)를 기획한다. 여기에 명절 메뉴, 기념일 메뉴, 콜라보 메뉴 등을 추가하면 연간 12~15개의 신메뉴 출시 일정을 짤 수 있다.

AI에게 연간 시즌 메뉴 로드맵을 의뢰할 수 있다. "우리는 브런치 카페야. 2025년 연간 시즌 메뉴 계획을 짜줘. 각 계절마다 대표 메뉴 2개씩, 총 8개의 메뉴를 제안하고, 각 메뉴의 콘셉트, 주재료, 예상 가격대, 타깃 고객, 마케팅 포인트를 정리해 줘."라고 요청하면, AI는 체계적인 연간 계획을 제시한다.

시즌	핵심 해시태그	포스팅 전략	인플루언서	목표 KPI
봄 (3~5월)	#벚꽃브런치 #딸기팬케이크 #봄한정메뉴	**D−14:** 티저 **D−7:** 재료 스토리 **D−Day:** 10% 할인 **주 3회:** 고객 리뷰	**마이크로** 인플루언서 3명 (1~5만)	도달률 5만+ 참여율 5%+ 팔로우+200
여름 (6~8월)	#망고볼 #트로피컬브런치 #시원한한끼	**D−14:** 티저 영상 **D−7:** 망고 원산지 **D−Day:** 음료 1+1 **주 4회:** 여름 감성	**나노** 인플루언서 5명 (5천~1만)	릴스 10만+ 참여율 6%+ 전환율 3%
가을 (9~11월)	#단호박리조또 #가을감성 #홈카페감성	**D−14:** 낙엽 티저 **D−7:** 로스팅 과정 **D−Day:** 리뷰 이벤트 **주 3회:** 가을 무드	**매크로** 인플루언서 1명 (10만+)	도달률 8만+ 참여율 7%+ 리뷰 100건+
겨울 (12~ 2월)	#트러플수프 #겨울감성 #프리미엄브런치	**D−14:** 김 오르는 티저 **D−7:** 트러플 스토리 **D−Day:** 단체 할인 **주 3회:** 따뜻한 무드	**푸드 전문** 인플루언서 2명 (3~10만)	참여율 5%+ 단체 예약 20건 단가 +15%

구체적 예시를 보자. 여의도의 한 카페는 AI의 도움으로 '사계절 시그니처 라떼 시리즈'를 기획했다. 봄에는 벚꽃 라떼, 여름에는 청포도 라떼, 가을에는 밤 라떼, 겨울에는 유자 라떼를 출시했다. 각 메뉴는 출시 전 AI로 네이밍, 스토리텔링, 비주얼을 완성했고, SNS 사전 예고를 통해 화제를 모았다. 결과는 놀라웠다. 시즌 메뉴 출시 주차마다 전체 매출이 평균 30% 상승했고, 인스타그램 팔로워는 3개월 만에 2배로 증가했다.

프로모션 기획도 AI가 지원한다. "밸런타인데이 프로모션 아이디어 10개 제안해 줘. 우리 카페는 커플 고객이 많아."라고 하면, '연인 세트 메뉴 20% 할인', '커플 인증샷 이벤트', '하트 라떼 아트 무료 서비스' 등 다양한 아이디어를 즉시 받을 수 있다. 각 아이디어의 예상 효과, 필요 비용, 실행 난이도까지 분석해 달라고 요청하면 의사결정이 쉬워진다.

중요한 것은 프로모션의 일관성과 빈도다. 1년에 한두 번 큰 이벤트를 하는 것보다, 매달 작은 프로모션을 꾸준히 하는 것이 고객 관계 유지에 효과적이다. AI는 이러한 지속적 콘텐츠 생산을 가능하게 한다.

마지막으로 데이터 기반 최적화가 가능하다. 출시한 메뉴의 판매 데이터, 고객 리뷰, SNS 반응을 AI에게 분석시키고, "다음 시즌 메뉴는 어떤 방향으로 가야 할까?"라고 묻는다. AI는 패턴을 발견하고 개선점을 제안한다. 이렇게 학습하고 진화하는 메뉴 전략이 지속 가능한 경쟁력을 만든다.

객단가의 마법:
1+1=3이 되는 세트 전략

계산기를 한번 두드려 보자. 점심에 9,000원짜리 김치찌개 하나 팔아서 과연 얼마나 남을까? 치솟은 재료비에 월세, 인건비까지 떼고 나면 정말 1,000원짜리 하나 남을까 말까 한 게 오늘날 식당의 현실이다.

더 큰 문제는 갈수록 심해지는 경쟁과 불경기 때문에 이제는 손님을 많이 받는 것 자체가 물리적으로 불가능에 가까워졌다는 사실이다. 예전처럼 '많이 팔아서 남기겠다'는 전략은 손님을 모으기조차 어려운 지금 상황에선 더 이상 통하지 않게 된 것이다.

설령 운 좋게 손님이 몰려온다 해도 테이블 단가가 낮으면 몸만 고생할 뿐, 정작 손에 쥐는 실속은 없다. 결국 지금 같은 위기에서 끝까지 살아남는 곳은 단순히 손님 수를 늘리려고 애쓰는 동시에, '객단가(테이블당 결제 금액)'를 전략적으로 높여 효율을 극대화하는 곳일 것이다.

그런데 무턱대고 가격을 올리면 손님은 도망간다. 이때 필요한 것이 바로 '사이드 메뉴 혹은 세트 메뉴' 기획이다.

많은 사장님이 세트 메뉴를 짤 때 범하는 치명적인 실수가 있다. 그냥 잘 팔리는 것끼리 묶어서 1,000원 깎아주는 식이다. "A 세트: 김치찌개+계란말이=1,000원 할인", "B세트: 삼겹살+목살+식사+음료수=2,000원 할인" 이런 식으로 말이다. 이건 기획이 아니라 그냥 '할인'이다. 내 살 깎아 먹기다.

진짜 기획은 매장의 주력 메뉴와 재고 소진이 필요한 메뉴, 마진이 높은 메뉴, 그리고 미끼 상품을 기가 막히게 섞어서 고객이 '이건 무조건 세트로 시켜야 이득이다.'라고 느끼게 만드는 것이다. 꼭 세트가 아니더라도 메인 메뉴와 찰떡궁합인 사이드 메뉴, 사리 추가 등을 만드는 것이 객단가 상승에 도움이 된다. 부대찌개에 라면 사리, 매운 떡볶이에 날치알 주먹밥, 김말이 같은 것들이 좋은 예이다.

이런 메뉴의 조합이 고객들에게는 만족감을 높여주고 사업주에게는 객단가 상승과 나아가 마진 구조까지 좋게 만들어 줄 수 있다. 이를 위해 가장 우선시 되어야 할 것이 바로 정확한 원가 계산을 바탕으로 한 황금 조합을 찾는 것이다.

얼마 전 컨설팅했던 파주에 C베이커리 카페의 사례를 보자. 카페나 베이커리를 운영하는 곳의 가장 아픈 손가락은 '당일 생산, 당일 판매' 원칙을 지키고 남은 전날의 빵이다. 수분이 빠져 딱딱해진 베이글이나 식빵을 보통은 '어제 빵 50% 할인' 같은 스티커를 붙여 처분하곤 한다. 하지만 이러한 방법은 당장 재고를 치울 순 있어도 브랜드 이미지를 깎아먹고 마진까지 포기하는 악수가 되기 쉽다.

이때 AI에게 팔고 있는 메뉴와 원가, 그리고 재고가 많이 발생하는 품목을 지정해 주고 세트 메뉴 구성을 맡겼다.

결과는 베이글 프렌치토스트+토핑용 바닐라 아이스크림+아메리카노 세트= 9,000원이란 구성이 나왔다. 재고가 되어 버린 베이글을 그대로 파는 것이 아니라, 달걀물에 푹 적셔 버터에 노릇하게 구워내는 '프렌치토스트' 공정을 더해 보통의 베이글보다 훨씬 더 고급스럽고 새로운 메뉴로 재탄생시켰다. 여기에 원가가 낮은 바닐라 아이스크림 한 스쿱과 구운 코코넛과 아몬드 토핑에 달콤한 시럽을 얹어 아메리카노와 함께 나오는 객단가와 마진 고객 만족까지 다 잡은 메뉴가 만들어지게 되었다.

결과는 드라마틱했다. 처치 곤란이어서 다음 날 2,000원에 팔던 베이글과 원가 800원의 아메리카노, 200원 정도 하는 바닐라 아이스크림이 결합하는 순간, 매장에서 가장 높은 마진을 자랑하는 '프리미엄 디저트 세트'로 변신했기 때문이다. 고객은 오후의 피로를 날려줄 화려한 비주얼과 달콤한 맛에 기꺼이 지갑을 열고, 사장님은 폐기 대상이었던 재고를 가장 높은 마진을 남기는 효자 상품으로 탈바꿈시키게 된 것이다.

결국 이러한 세트 메뉴 기획의 차이가 '내 살 깎아 먹기식 할인'을 '부가 가치가 높은 황금 조합'으로 바꾸는 셈이다.

실습

사장님을 위한 3초 프롬프트

목표: 재고 메뉴와 인기 메뉴를 묶어 객단가 높이기

입력: "우리 가게 주요 메뉴는 [A 메뉴: 가격], [B 메뉴: 가격], [C 메뉴: 가격]이야. 이 중에서 [C 메뉴]는 재고가 많아서 빨리 팔아야 하고, [B 메뉴]는 마진이 좋아. 2인 방문객의 객단가를 [목표 금액] 원으로 높이면서, 고객이 '가성비가 좋다'고 느낄만한 매력적인 세트 구성 3가지와 세트 이름을 지어줘. 각 세트의 판매 논리도 설명해 줘."

재료비 0원으로
가상 시식회 하기

신메뉴 개발한다고 새벽부터 시장 가서 재료 사 오고, 며칠 동안 육수 끓이고, 맛없어서 버리기를 반복하는 사장님들. 그 열정과 노고는 존경하지만, 냉정하게 말해서 순서가 틀렸다. 지금은 '보이는 것이 맛있는 것'인 시대다. 아무리 맛이 기가 막혀도, 인스타그램에 올렸을 때 예쁘지 않으면 매력을 느끼지 않는다. 즉, 맛은 기본이고 '비주얼'도 합격점을 받아야 팔리는 메뉴가 될 수 있다.

예전에는 요리를 완성한 뒤에 사진을 찍었다면, 이제는 사진을 먼저 만들고 그 사진을 보며 요리를 개발해야 하는 것을 제안한다. 이게 무슨 뚱딴지같은 소리냐고? AI를 활용하면 식재료 하나 없이도 완벽한 플레이팅 사진을 뽑아낼 수 있다.

안주로 폭탄 계란찜을 판매하기 위해 준비한다고 가정해 보자.

어떤 뚝배기를 써야 할지, 고명은 뭘 올려야 할지 등은 뚝배기를 직접 사서 끓여보고 담아보고 토핑을 올려봐야 그 결과를 알 수 있었지만 이제 그럴 필요 없다. 더욱이 이 과정에 드는 비용은 0원이다.

"진한 갈색의 옹기 모양의 뚝배기에 넘칠 듯 담긴 폭탄 계란찜, 위에는 날치알과 쪽파가 듬뿍, 김이 모락모락 나고 치즈가 흘러내리는 비주얼로 그려줘." 단 1분이면 이미지가 나온다. 그 이미지를 보고 판단하는 거다. "아, 날치알이 올라가니 색감이 확 사네?", "치즈가 이렇게 흐르니까 5,000원 더 받아도 되겠는데?" "날치알 대신 통후추를 갈아서 올려볼까?" 같은 아이디어를 바로 이미지로 확인해 볼 수 있다.

여기서 끝이 아니다. 이 가상의 이미지를 인스타그램 스토리에 먼저 올려보라. '다음 주 출시 예정인 신메뉴! 비주얼 어떤가요?' 반응이 뜨거우면 그때 시장 가서 재료를 사도 늦지 않다. 반응이 없다? 그럼 그 메뉴는 출시 안 하면 그만이다. 재료비도, 시간도 버리지 않았다. 이것이 바로 실패 비용을 '0원'으로 만드는 AI 시대의 메뉴 기획법이다. 엉뚱한 요리 만들어서 음식물 쓰레기통 채우지 말고, AI로 '가상 시식회'부터 열어라.

사장님 메뉴 전략
바로 실행하기

이론은 충분하다. 이제 실천이다. AI 메뉴 기획을 지금 당장 시작하기 위한 구체적 액션 플랜을 제시한다.

첫 번째 단계는 AI 도구 준비다. 챗GPT(무료 또는 유료), 제미나이, 젠스파크 중 아무거나 하나를 선택한다. 대부분의 작업은 무료 버전으로도 충분하다. 미드저니(Midjourney), DALL-E, Bing Image Creator 등 셀 수 없이 많은 AI 툴들이 있지만 원활한 AI 시작을 돕기 위해 여기서 자세히 언급하진 않겠다. 디자인 편집은 캔바 무료 버전이면 충분하다. 모두 스마트폰 앱으로 이용 가능하다.

두 번째 단계는 브랜드 프로필 작성이다. AI에게 매번 같은 배경 정보를 반복해서 설명하는 것은 비효율적이다. 한 번 작성해 두면 계속 재사용할 수 있는 브랜드 프로필을 만든다.

내용: 업종(예: 이탈리안 레스토랑), 콘셉트(예: 가정식 스타일의 캐주얼 다이닝), 타깃 고객(예: 20~30대 데이트족), 가격대(예: 메인 메뉴 20,000원대), 브랜드 가치(예: 신선한 재료, 정성스러운 조리), 입지(예: 강남역 인근 주택가). 이 정보를 AI 대화 시작 시 제공하면 훨씬 정확한 결과를 얻는다.

세 번째 단계는 첫 프로젝트 선정이다. 처음부터 완전히 새로운 메뉴를 개발하는 것은 부담스러울 수 있다. 대신 기존 메뉴의 네이밍을 개선하거나, 메뉴 설명 문구를 업그레이드하거나, 시즌 메뉴 아이디어를 얻는 작은 프로젝트로 시작한다.

실전 예시: 기존 메뉴판 업그레이드 프로젝트. 현재 메뉴판의 각 메뉴 이름과 재료를 AI에게 제공한다. "이 메뉴들의 네이밍과 설명 문구를 업그레이드해 줘. 더 매력적이고 구체적이며, 가격 대비 가치가 높아 보이도록."이라고 요청한다. AI가 제안한 여러 옵션 중 마음에 드는 것을 선택해 적용한다. 이 과정은 하루면 충분하다.

네 번째 단계는 반복과 학습이다. 처음 AI의 결과가 마음에 들지 않을 수 있다. 포기하지 말고 프롬프트를 수정해 재시도한다. "좀 더 고급스럽게", "좀 더 친근하게", "좀 더 구체적으로"처럼 방향을 조정한다. 몇 번 시행착오를 거치면 자신만의 효과적인 프롬프트 패턴을 발견하게 된다.

다섯 번째 단계는 적용과 측정이다. AI로 개선한 메뉴를 실제로 적용하고, 변화를 관찰한다. 해당 메뉴의 주문 횟수가 증가했는가? 고객 반응이 긍정적인가? 데이터를 기록하고 AI에게 피드백한다. "이 메뉴는 성공했고, 저 메뉴는 실패했어. 왜 그런 것 같아?"라고 묻는다. AI는 가설을 제시하고, 다음 메뉴 개발에 반영할 인사이트를 준다.

마지막으로 중요한 마인드셋: AI는 도구일 뿐이다. 최종 결정권은 사장님에게 있다. AI가 제안한 모든 것을 맹목적으로 따를 필요는 없다. 현장의 경험, 고객과의 직접적 소통, 브랜드에 대한 깊은 이해는 AI가 대체할 수 없는 영역이다. AI는 아이디어와 초안을 제공하는 훌륭한 조력자이며, 이를 검토하고 선택하고 개선하는 것은 사장님의 몫이다. 메뉴에 관련된 챕터에서 AI로 레시피 만드는 부분을 따로 언급하지 않은 이유도 여기에 있다. AI가 기발한 아이디어의 실마리를 던져줄 수는 있지만, 그 실마리를 엮어 우리 가게만의 독보적인 맛으로 완성하는 '최종 점지'는 결국 사장님의 손끝에서 이루어져야 하기 때문이다. 메뉴의 본질인 레시피에 대한 아이디어는 얻을 수 있지만 결국 레시피의 완성은 결국 스스로 해야 한다.

지금 이 순간, 전국의 수많은 자영업자들이 AI를 활용해 메뉴를 혁신하고 있다. 먼저 시작한 사람들은 이미 경쟁 우위를 확보했다. 늦었다고 생각할 때가 가장 빠른 때다. 오늘 당장 스마트폰을 열고, 챗GPT에 접속해, 첫 질문을 던져보라. "우리 가게의 시그니처 메뉴를 더 매력적으로 만드는 방법을 알려줘." 이 한 문장이 당신의 메뉴 기획을 완전히 바꿔줄 것이다.

Part 4를 마치며

　메뉴는 단순한 음식의 목록이 아니라, 우리 브랜드의 정체성이자 고객 경험의 시작점이다. 막대한 자본과 인력이 필요한 대기업의 신메뉴 개발 프로세스를 우리는 AI를 통해 단 한 사람이, 그것도 무료로 해낼 수 있음을 확인했다.

　트렌드 사냥부터 단어 하나로 70원 더 비싸게 팔 수 있는 네이밍의 마법, 객단가를 높이는 세트 메뉴의 황금 비율, 식재료 하나 없이 진행하는 가상 시식회까지 AI는 실패 비용을 0원으로 만들며 메뉴 개발의 리스크를 획기적으로 낮춰준다. 하지만 잊지 말아야 할 것은, AI는 기발한 아이디어와 초안을 제공하는 훌륭한 조력자일 뿐, 그 실마리를 엮어 우리 가게만의 독보적인 맛으로 완성하는 '최종 점지'는 결국 사장님의 몫이라는 점이다. 지금 당장 스마트폰을 열고 AI에게 우리 가게 시그니처 메뉴를 더 매력적으로 만드는 방법을 물어보자.

메뉴판의 심리학: 미끼 상품과 Z의 법칙

AI로 메뉴를 기획했다면, 메뉴판 배치도 AI에게 물어보자. "사람들의 시선이 메뉴판에서 'Z'자 형태로 움직인다는 심리학 이론을 바탕으로, 우리 가게에서 마진율이 가장 높은 A 세트를 어디에 배치해야 할지, 그리고 덜 팔려도 좋으니 A 세트가 저렴해 보이게 만들 '고가의 미끼 메뉴(Decoy)'는 무엇으로 설정하면 좋을지 제안해 줘."

AI는 35,000~42,000원짜리 고기 메뉴 위에 고가의 스페셜 코스를 배치해, 단품 고기들의 가격이 합리적으로 보이게 만드는 '미끼 전략'까지 짜줄 것이다.

사장님을 위한 3초 프롬프트

목표: 만들지 않고 미리 메뉴 이미지 생성해 보기(Visual Testing)

입력: "나는 [업종: 예_이자카야]를 운영 중이야. 신메뉴로 [메뉴명: 예_매콤 크림 짬뽕]을 기획 중이야. 이 메뉴가 가장 먹음직스럽게 보이도록 고화질 사진 이미지를 생성하고 싶어. [빨간 국물, 하얀 크림 토핑, 홍합 가득, 검은색 그릇, 김이 모락모락 나는, 윗면에서 찍은 구도]의 특징을 살려서 사진 묘사 프롬프트를 영어로 작성해 줘." (이후 미드저니나 뤼튼 등에 붙여넣기 하세요.)

Part 5.
확장 시스템

사장님이 없어야 가게가 큰다

채용의 기술:
'알바 추노' 막는 힙한 공고문

"사장님, 저 오늘까지만 할게요." 점심 장사가 막 끝난 전쟁터 같은 주방에서, 3일 전에 뽑은 아르바이트생이 앞치마를 벗으며 던지는 이 한마디만큼 공포스러운 순간이 또 있을까? 외식업 사장님들이 모인 커뮤니티에는 하루가 멀다 하고 '알바 추노(아르바이트생이 도망가듯 그만두는 것)'를 하소연하는 글이 올라온다. 구인 사이트에 유료 광고를 내고, 시급을 올려봐도 면접 보러 오는 사람조차 없는 것이 냉혹한 현실이다.

많은 사장님이 '요즘 애들은 끈기가 없다.'며 한탄한다. 하지만 냉정하게 우리 가게의 채용 공고를 다시 한번 들여다보자. '성실하고 가족 같은 분 구함, 시급 ○○원, 미성년자 불가'. 혹시 이런 뻔하고 건조한 공고를 복사해서 붙여 넣고 있지는 않은가?

고객을 끌어모으기 위해 메뉴판 하나, 포스터 하나에는 그토록 신경을 쓰면서, 정작 내 손발이 되어 줄 직원을 구하는 공고는 대충 올리고 '좋은 사람'이 오기를 바라는 것은 모순이다. 채용은 더 이상 '공지'가 아니다. 우리 가게의 매력을 200% 어필해서 인재를 유혹하는 '마케팅'이어야 한다.

여기 AI를 활용해 구인난을 정면 돌파한 흥미로운 사례가 있다. 서울 성수동에서 힙한 감성의 카페를 운영하는 한 사장님은 채용 공고를 올릴 때마다 지원자가 없어 골머리를 앓았다. 20대 초반의 트렌디한 감각이 필요한 매장이었지만, 딱딱한 공고문은 그들의 눈길을 끌지 못했다.

우리는 접근 방식을 바꿨다. 타깃 고객을 분석하듯 '타깃 지원자'를 명확히 설정하고, 그들이 반응할 만한 언어로 공고를 다시 쓰기로 했다. AI에게 다음과 같이 구체적인 페르소나를 입력했다.

AI 프롬프트 입력

> "우리 가게는 성수동에 위치한 힙한 카페야. 주요 고객은 트렌드에 민감한 2030세대야. 우리가 찾는 직원은 MBTI가 'E(외향형)' 성향이라 낯선 손님과도 스몰토크를 즐기고, 최신 팝 음악 플레이리스트를 꿰뚫고 있는 20대 초반 대학생이야. 이들이 클릭할 수밖에 없는 위트 있고 힙한 말투의 채용 공고 제목 5개와 본문 내용을 써줘."

결과는 놀라웠다. AI는 기존의 지루한 공고 대신 다음과 같은 문구를 쏟아냈다.

〈우리 카페는 이런 곳이에요〉

성수동 골목, 힙스터들의 성지 카페입니다. 우리는 단순히 커피만 파는 곳이 아니에요. 공간의 무드, 흐르는 음악, 그리고 무엇보다 '힙한 사람'이 만드는 바이브를 가장 중요하게 생각합니다.

〈이런 분을 애타게 찾고 있어요〉

'E' 99% 소유자: 처음 본 손님과 "오늘 옷 너무 예쁘신데요?" 한마디 툭 던질 수 있는 넉살의 소유자

선곡 천재: 최신 팝 음악 플레이리스트가 머릿속에 꽉 차 있어서, 카페 분위기에 맞춰 노동요를 디렉팅할 분

인생샷 제조기: 손님이 "사진 1장만…." 했을 때 구도 갓벽하게 잡아줄 수 있는 센스쟁이 20대 대학생

커피 수혈 무제한: 사장님 몰래(?) 맛있는 시그니처 메뉴 마음껏 마셔도 됨

BGM 결정권: 당신이 틀고 싶은 힙한 음악, 전 매장에 송출 가능(DJ 데뷔 가능)

복장 자유: 유니폼 그게 뭐야? 본인의 개성을 뽐낼 수 있는 힙한 사복 근무 적극 권장

꼰대 금지 구역: 사장님이 꼰대 안 되려고 매일 명상 중임. 불편한 회식 강요 절대 없음

성과 보너스: '오늘 손님 텐션 미쳤다' 싶은 날, 사장님이 기분 좋으면 배달 음식이나 보너스 쏨

<지원 방법>

거창한 자기소개서는 넣어두세요. 본인을 가장 잘 나타내는 인스타그램 계정이나, 최애 팝송 플레이리스트 캡처본, 그리고 짧은 인사말을 보내주시면 됩니다.

"성수동의 공기를 바꿀 당신을 기다립니다. 지금 바로 DM 주세요!"

성수동 힙스터 카페 아르바이트 모집

[메인 카피]
우리 카페는 이런 곳이에요
성수동 골목, 힙스터들의 성지 카페입니다. 우리는 단순히 커피만 파는 곳이 아니에요. 공간의 무드, 흐르는 음악, 그리고 무엇보다 '힙한사람'이 만드는 바이브를 가장 중요하게 생각합니다.

[모집부문]
- 직무: 카페 바리스타/홀 서빙
- 고용형태: 아르바이트
- 모집인원: 0명

[이런 분을 애타게 찾고 있어요]
✓ 'E' 99% 소유자: 처음 본 손님과 '오늘 옷 너무 예쁘신데요?' 한마디 툭 던질 수 있는 넉살의 소유지
✓ 선곡 천재: 최신 팝 음악 플레이리스트가 머릿속에 꽉 차 있어서, 카페 분위기에 맞춰 노래를 디렉팅할 분
✓ 인생샷 제조기: 손님이 '사진 한 장만...' 했을 때 구도 갓벽하게 잡아줄 수 있는 센스쟁이 20대 대학생

[복리후생]
✓ 커피 수혈 무제한: 사장님 몰래(?) 맛있는 시그니처 메뉴 마음껏 마셔도 됨
✓ BGM 결정권: 당신이 틀고 싶은 힙한 음악, 전 매장에 송출 가능 (DJ 데뷔 가능)
✓ 복장 자유: 유니폼 그게 뭐야? 본인의 개성을 뽐낼 수 있는 힙한 사복 근무 적극 권장
✓ 꼰대 금지 구역: 사장님이 꼰대 안 되려고 매일 명상 중임. 불편한 회식 강요 절대 없음
✓ 성과 보너스: '오늘 손님 텐션 미쳤다' 싶은 날, 사장님이 기분 좋으면 배달 음식이나 보너스 쏨

[지원방법]
거창한 자기소개서는 넣어두세요. 본인을 가장 잘 나타내는 인스타그램 계정이나, 최애 팝송 플레이리스트 캡처본을 보내주세요. (이메일 주소 placeholder)

이 공고가 올라가자마자 거짓말 같은 변화가 일어났다. 평소 1~2명에 불과했던 지원자가 일주일 만에 10명을 넘어섰고, 지원율은 무려 10배나 폭증했다. 더 중요한 건, 면접장에 나타난 지원자들의 결이 달라졌다는 점이다. 가게의 분위기를 정확히 이해하고, 일 자체를 즐길 준비가 된 '핏(Fit)'이 맞는 인재들이 모여들었다. AI라는 똑똑한 비서를 통해 채용 공고를 단순한 정보 전달이 아닌, 매력적인 브랜딩 콘텐츠로 탈바꿈시킨 결과다.

매뉴얼 혁명:
물량까지 통일하는 절대 기준(SOP)

"사장님, 저 이번 주말에 하루만 쉬어도 될까요?"라는 말은 자영업자가 가장 듣기 두려워하는 말 중 하나일 것이다. 내가 자리를 비우면 당장 주방은 누가 지키나, 홀 서빙 알바가 손님한테 실수하면 어쩌나, 육수 간은 누가 보나… 수만 가지 걱정에 결국 사장님은 다시 주방으로 향한다.

많은 사장님이 착각하는 것이 있다. 내가 없으면 가게가 안 돌아가는 이유가 '내 손맛이 너무 뛰어나서' 혹은 '나만큼 일하는 직원이 없어서'라고 생각한다. 하지만 냉정하게 말하면, 그것은 가게에 '시스템이 없기 때문'이다.

스타벅스나 맥도날드의 예를 봐도 점장이 휴가를 갔다고 해서 햄버거 맛이 변하거나 커피양이 달라지지는 않는다. 전 세계 어디서나, 누가 만들어도 똑같은 맛과 서비스를 제공한다. 그 비결은 수백 페이지에 달하는 SOP(Standard Operating Procedure, 표준 운영 절차)에 있다. "에이, 우리는 동네 작은 식당인데 무슨 대기업 흉내를 냅니까?"라고 반문할 수 있다. 하지만 사장님이 주방을 떠나지 못하는 진짜 이유는 거창한 경영 능력이 부족해서가 아니라, '라면 물 하나 맞추는 기준'조차 문서화되어 있지 않기 때문이다.

과거에는 이런 매뉴얼을 만드는 게 고역이었다. 전문가에게 수백만 원을 지불하고 문서를 만들거나 퇴근하고 피곤한 몸을 이끌고 컴퓨터 앞에 앉아 한글 파일을 열고, '1. 물을 끓인다. 2. 면을 넣는다.' 따위를 타이핑하고 있자니 차라리 몸으로 때우는 게 낫다고 포기하곤 했다. 하지만 이제는 다르다. 대기업 프랜차이즈 급의 매뉴얼을 단 10분 만에 만드는 방법을 한번 보자.

서울 종로에서 2대째 칼국숫집을 운영하는 이 사장님의 사례를 보자.

이곳은 점심시간이면 줄을 서는 맛집이지만, 치명적인 약점이 있었다. 바로 주방장의 '기분'에 따라 음식의 간이 널뛰기를 한다는 점이었다. 주방장이 기분 좋은 날은 간이 딱 맞지만, 전날 과음이라도 한 날엔 '짜다', '싱겁다'는 컴플레인이 빗발쳤다.

AI를 활용한 매뉴얼의 필요성을 설명하자 컴퓨터와 친하지 않다고 손 사래를 치셔서, 굳이 타이핑할 필요도 없이 음성 인식 기능을 켜고 평소 하던 대로 중얼거리시라고 말씀드렸다. "칼국수 육수 끓일 때 큰 통에 물 가득 채우고, 멸치 한 포대 넣고, 다시마 5장 넣고 1시간 끓이다가 끄면 돼. 그리고 소금은 국자로 두 번 정도 넣어." (매장 레시피라서 전부 공개할 수 없음을 양해 바란다.)

그러고는 AI에게 이렇게 명령했다. "방금 내가 말한 조리법을 정리해서, 요리 경험이 전혀 없는 초등학생도 이 종이만 보면 똑같이 만들 수 있는 수준의 '레시피 매뉴얼'과 '점검 체크리스트'를 만들어 줘. 애매한 표현은 빼고 숫자로 정확히 적어줘."

사장님의 두서없는 말을 완벽한 매뉴얼로 변환했다.

AI 매뉴얼

1. 물 계량: 육수 전용 스테인리스 통(50L)에 손잡이 아랫부분 눈금 선까지 물을 채운다.
2. 재료 투입: 멸치 2kg(미리 소분된 파란 봉투 1개), 다시마 5장(손바닥 크기 확인)을 넣는다.
3. 조리 시간: 강불에서 끓기 시작하면 타이머를 60분으로 맞춘다.
 4. 간 맞추기: '전용 계량 국자'로 소금을 깎아서 정확히 2회 넣는다.

이 사장님은 이 내용을 출력해서 주방 벽에 붙여두었다. 결과는 어땠을까? 주방장이 휴무인 날, 갓 들어온 아르바이트생이 끓여도 30년 전통의 맛이 그대로 구현됐다. "간 좀 봐라."라며 잔소리할 필요가 사라진 것이다. 사장님의 '감'이 '수치화된 기준'으로 바뀌는 순간, 매장은 시스템으로 돌아가기 시작했다.

매뉴얼이 필요한 건 주방뿐만이 아니다. 홀 서비스가 엉망이 되는 이유도 기준이 없기 때문이다. 음식에서 머리카락이 나왔을 때, 알바생마다 대처가 다르다. 누구는 "죄송합니다." 하고 멀뚱히 서 있고, 누구는 사장님부터 찾는다. 이때도 AI는 훌륭한 '서비스 교육 강사'가 된다.

AI 프롬프트 입력

> "우리 가게는 바쁜 고깃집이야. 홀 서빙 직원이 겪을 수 있는 곤란한 상황 5가지(음식 컴플레인, 만석 시 대기 손님 항의, 반찬 리필 지연 등)를 가정하고, 각 상황에서 고객의 화를 가라앉히면서도 정중하게 응대할 수 있는 '상황별 대화 스크립트'를 만들어 줘. 신입 알바생 교육용이야."

AI는 "죄송합니다."라는 단순한 사과를 넘어, "고객님, 즐거운 식사 시간에 불편을 드려 진심으로 죄송합니다. 바로 새 음식으로 교체해 드려도 괜찮으실까요? 아니면 환불을 도와드릴까요?"와 같이, 고객의 선택권을 존중하는 프로페셔널한 응대 멘트를 짜준다. 사장님이 매번 입 아프게 교육할 필요 없다. AI가 만든 매뉴얼 1장이면, 스무 살 대학생 알바도 호텔 지배인급의 서비스를 흉내 낼 수 있다.

많은 자영업자가 매뉴얼 만들기를 귀찮은 숙제처럼 여긴다. 하지만 기억하라. 매뉴얼은 직원을 옥죄기 위한 문서가 아니다. 오히려 사장님을 가게라는 감옥에서 해방시켜 줄 '자유 이용권'이다. 기준이 명확하면 누가 일해도 결과가 같다. 결과가 같으면 사장님이 굳이 그 자리에 있을 필요가 없다. 지금 당장 스마트폰을 켜고, 우리 가게에서 가장 불안한 업무 하나를 AI에게 설명해 보라. 10분 뒤, 당신은 안심하고 가게 문을 나설 수 있는 첫 번째 열쇠를 쥐게 될 것이다.

고깃집 신입 알바생을 위한
위기탈출 넘버원 스크립트

1. 손님 응대 및 웨이팅 상황
만석·시 대기 손님 발생, 불편함 해소 필요.

BEST 스크립트 | 안녕하세요! 현재 만석이라 잠시 기다려주셔야 합니다. 대기자 명단에 올려드릴까요? 따뜻한 차 한 잔 준비해 드리겠습니다.

2. 잦은 반찬 리필 요청
반복되는 추가 주문, 빠르고 친절하게 대응.

BEST 스크립트 | 네, 고객님! 추가로 필요하신 반찬은 바로 가져다 드리겠습니다. 맛있게 드세요!

3. 불판 교체 및 불 조절 타이밍
타지 않게 불판 교체 및 적절한 불 조절 안내.

BEST 스크립트 | 불판이 조금 탄 것 같아 바로 교체해 드릴게요. 고기가 가장 맛있게 익도록 불은 조금 줄여드리겠습니다.

4. 실수로 인한 음식물 쏟음
손님이나 알바생 실수로 인한 돌발 상황 발생.

BEST 스크립트 | 죄송합니다, 고객님! 괜찮으신가요? 바로 정리해 드리겠습니다. 불편 드려 대단히 죄송합니다.

5. 컴플레인 발생 시 초기 대응
불편 사항 접수 시 진심 어린 사과와 해결 의지 표현.

BEST 스크립트 | 불편을 드려 정말 죄송합니다, 고객님. 말씀해주신 부분 바로 확인하고 조치해 드리겠습니다.

사장님이 신입에게 전수하는 꿀팁
- 미소는 최고의 서비스
- 항상 '감사합니다' 잊지 않기
- 고객과 눈 맞추며 인사하기
- 문제가 생기면 바로 매니저에게 보고하기

고객과의 눈 맞춤과 정중한 마무리 인사는 재방문을 이끕니다.

실습

사장님을 위한 3초 운영 프롬프트

목표: 주먹구구식 주방·홀 관리를 시스템화하기 입력: "나는 [업종: 예_카페]를 운영해.

1. 오픈 준비: (머신 예열, 재고 확인, 청소 등)

2. 마감 정리: (정산, 쓰레기 처리, 전원 차단 등) 이 내용을 바탕으로, 신입 직원이 출근해서 퇴근할 때까지 순서대로 체크만 하면 실수가 절대 생기지 않을 '일일 업무 체크리스트(Checklist)'*를 표로 만들어 줘."

글로벌 접객:
외국인 단골 유치 비법

〈이태원 클라쓰〉가 아니어도 '외국인 단골' 만들기가 가능하다. K-푸드 열풍으로 이제 명동이나 홍대가 아니더라도 외국인 관광객이 골목 상권까지 찾아온다. AI를 활용한 메뉴판 번역은 시작일 뿐이고 이제는 공격적인 '외국인 유치 마케팅'도 가능하다.

명동에서 20년째 족발과 삼겹살을 팔고 있는 P 사장님의 사례를 보자. 그는 AI에게 "한국의 쌈 문화를 서양인이 이해하기 쉽게 설명하는 매장 포스터 문구를 영어로 써줘."라고 요청했다.

AI가 만든 문구는 단순한 번역이 아니었다. "Korean BBQ Wrap: Your Meat, Your Way!"처럼 서양인에게 친숙한 표현과 유머를 담았고, 쌈을 마치 '커스텀 타코'처럼 설명해 거부감을 줄였다.

이 문구를 담은 다국어 포스터를 매장 앞에 붙이고, 메뉴판도 AI로 영어·중국어·일본어 버전으로 만들었다. 여기에 구글 맵(Google Maps) 프로필을 다국어로 최적화하고, 외국인이 남긴 리뷰에는 번역기 말투가 아니라 '그 나라의 문화적 뉘앙스와 유행어'를 담아 AI로 답글을 달았다.

언어의 장벽? AI 앞에서는 더 이상 핑계가 되지 않는다.

재무 비서:
줄줄 새는 돈 깐깐하게 막아내기

경기가 어려워 소비 심리가 위축되면 매장을 방문하는 고객의 절대적인 수는 줄어들 수밖에 없다. 더욱이 물가가 오를수록 마진을 남기기는 점점 더 어려워지는 것이 현실이다. '매출이 5,000만 원인데 통장에 남는 건 고작 200만 원뿐'이라는 사장님들의 한숨은 이제 흔한 이야기이고 '매출이 높으면 결국 남는다.'는 장사의 격언도 이미 유효 기간이 지났다. 지금 같은 시기일수록 감(感)이 아닌 정확한 원가 계산과 냉철한 손익분기점 분석을 통해 내 사업이 정확히 어떤 상태인지 파악하는 것이 중요하다.

이러한 재무 관리에 복잡한 엑셀도, 비싼 세무 기장도 더 이상 필요없다. AI에게 지난 6개월 치 영수증과 지출 내역을 사진 찍어 던져주면 된다. 그리고 이렇게 입력한다.

AI 프롬프트 입력

"20년 차 외식업 경영 전문 컨설턴트라고 가정하고 비즈니스 관점에서 아주 냉정하게 말해줘. 현재 나의 지출 구조를 봤을 때, 3개월 안에 폐업하지 않으려면 당장 오늘부터 실행해야 할 비용 절감 액션 플랜 5가지를 우선순위대로 짜줘. 감정적인 위로보다는 수치에 근거한 해결책이 필요해."

실제로 폐업을 고민하던 한 파스타집 사장님은 AI에게 장부를 분석시켰고, AI는 냉철한 진단을 내놨다.

"사용량이 많은 오일, 파스타 면, 휘핑크림은 브랜드 충성도를 버리고 최저가 벌크 제품으로 즉시 교체하십시오. 배달 대행비와 고급 일회용기 비용 비율이 동종 업계 평균보다 15% 높고, 식재료비가 동종 업계 평균에 비해 8%가량 높으며, 당장 수익률이 낮은 하위 30% 메뉴를 삭제하십시오.

식재료 가짓수가 줄어야 재고 관리 비용과 폐기율이 떨어집니다. 정수기, 보안 서비스, 포스(POS) 등 매달 나가는 고정 비용 중 협상이 가능한 부분은 업체 변경을 무기로 재협상하거나 해지하십시오.

추가로 파스타집은 화력과 냉방비 소모가 큽니다. 피크 타임 외 화구 사용 절제, 조명 효율화 등 디테일한 에너지 관리를 시작하십시오."

사장님은 AI가 제안한 대로 하나하나 실행해 나갔고 그 결과, 매출은 그대로였지만 순이익은 25% 늘어났다. AI는 줄줄 새는 돈을 찾아내는 가장 깐깐한 재무이사다.

긴급 경영 개선 보고서 – 3개월 생존 전략
20년차 외식업 컨설턴트 진단 리포트

우선순위 1	식재료 원가 구조 개선	
▪ 실행 항목	오일, 파스타면, 휘핑크림 벌크 제품 전환	
▪ 예상 효과	식재료비 8% 절감	
▪ 실행 기한	즉시	

우선순위 2	배달 운영비 최적화	
▪ 실행 항목	배달 대행비 및 포장재 업체 재협상	
▪ 현황 분석	동종업계 대비 15% 과다 지출	
▪ 실행 기한	1주 이내	

우선순위 3	메뉴 포트폴리오 재구성	
▪ 실행 항목	수익률 하위 30% 메뉴 삭제	
▪ 예상 효과	재고관리비 감소, 폐기율 감소	
▪ 실행 기한	2주 이내	

우선순위 4	고정비용 재계약	
▪ 실행 항목	정수기/보안/POS 등 월정액 서비스 재협상	
▪ 협상 전략	업체 변경을 전제로 한 조건 개선	
▪ 실행 기한	1개월 이내	

우선순위 5	에너지 효율 관리 체계화	
▪ 실행 항목	피크타임 외 화구 절제, 조명 효율화	
▪ 업종 특성	파스타 업종 화력/냉방비 고비용 구조	
▪ 실행 기한	즉시 착수	

고객 관리는 어떠한가? '단골'을 넘어 '팬덤'을 만드는 일은 뉴스레터 인스타그램 피드만으로는 부족하다. 진짜 단골과는 더 끈끈한 관계가 필요하다. AI를 활용해 카카오톡 채널이나 문자로 광고 같지 않은, 읽고

나면 마음이 따뜻해지는 '사장님 편지'를 보내 보자. "비 오는 날 아침, 비 냄새와 갓 구운 크루아상 냄새가 어우러지는 고객에게 보낼 감성적인 문자 메시지를 써줘."라고 부탁해 보자. 이 문자를 멤버십 사진과 함께 고객에게 발송하고, 할인이나 서비스 쿠폰 같은 것을 보내면 손님들은 빵을 사러 오는 것을 넘어, 사장님의 안부를 물으러 오기 시작한다. AI가 써준 따뜻한 글 한 줄이 동네 주민들의 사랑방을 만든 것이다.

〈문자 메시지〉

오늘 아침, 비 내리는 풍경 보셨나요? 왠지 마음이 차분해지는 오늘 같은 날엔, 갓 구워낸 크루아상의 고소한 냄새가 유독 더 진하게 느껴지네요. 비 오는 날의 눅눅함을 기분 좋은 바삭함으로 바꿔드리고 싶어 정성껏 구워 두었습니다.

따뜻한 커피 한 잔과 크루아상이 주는 작은 행복, 오늘 여기서 함께 나눠요.

공간 큐레이션:
공사 없이 매장 분위기 바꾸기

인테리어 공사 없이 분위기 바꾸기 큰돈 들여 인테리어를 하지 않아도 가게의 '공기'를 바꿀 수 있다. 바로 음악(BGM)과 조명이다. 낮에는 밥집, 밤에는 요리주점하는 가게가 있었다. 사장님은 매일 밤 AI에게 "지금 비 오는 화요일 밤이야. 야근하고 온 30대 직장인이 위로받을 수 있는 재즈 힙합 플레이리스트 50곡을 추천해 줘."라고 묻는다.

AI가 선곡한 음악이 흐르고 조도를 낮추자, 손님들은 편안함을 느끼며 술을 추가 주문한다. DJ가 없어도, AI가 그날의 날씨와 손님의 표정에 맞는 최고의 공간을 큐레이션해 준다. 실제로 나 또한 매장을 기획하고 브랜딩을 하며 매장의 무드를 선정할 때 과거에는 핀터레스트, 구글 같은 사이트로 해외 매장의 인테리어를 검색하며 레퍼런스를 쌓았다면 이제는 제미나이, 젠스파크, 노트북LM 등의 AI 툴을 활용하여 매장의 분위기를 만든다.

프랜차이즈화,
더 이상 꿈이 아니다

내 가게를 프랜차이즈 '본사'로 만드는 첫걸음을 AI와 함께 시작할 수 있다. 장사가 잘되어 2호점을 내고 싶거나 전수 창업 문의가 올 때, 주먹구구식으로 가르쳐 주면 분쟁만 생긴다. 이때 AI는 완벽한 '기획팀'이 된다. 부산의 국밥집 사장님은 전수 창업 문의가 오자, 말로만 설명하던 노하우를 AI에게 정리시켰다.

AI는 사장님의 구술을 바탕으로 체계적인 '창업 안내서'와 예상 수익률을 분석한 '수익 구조 시뮬레이션 표(IR 자료)'를 뚝딱 만들어 냈다. 전문적인 자료를 받아 든 예비 점주는 깊은 신뢰를 느꼈고, 실제 2호점 오픈까지 일사천리로 진행됐다. 내 가게를 브랜드 본사로 만드는 꿈, AI와 함께라면 더 이상 꿈이 아니다.

할매손맛국밥 프랜차이즈

투자 수익 구조 시뮬레이션 (IR 자료)

🔥 **핵심 경쟁력: 48시간 끓인 깊은 육수 맛**

본점 월 매출	본점 월 순이익	순이익률
1억원	**3,500만원**	**35%**

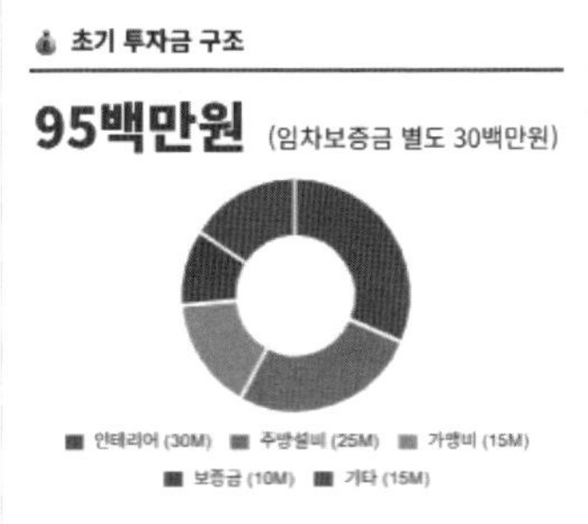

💰 초기 투자금 구조

95백만원 (임차보증금 별도 30백만원)

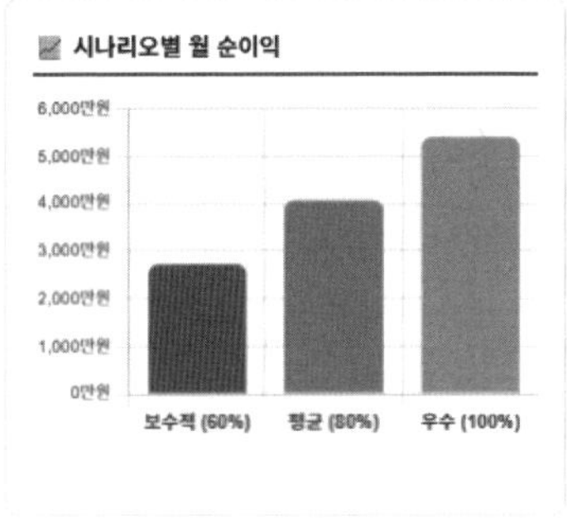

📈 시나리오별 월 순이익

⏱ 투자 회수 기간

- 💼 보수적 (60%) — **3.5개월**
- 📊 평균 (80%) — **2.3개월**
- 🏆 우수 (100%) — **1.8개월**

📋 3년 누적 성과 & ROI

- 💼 보수적
  순이익 979백만원 — **ROI 344%**
- 📊 평균
  순이익 1,461백만원 — **ROI 513%**
- 🏆 우수
  순이익 1,944백만원 — **ROI 682%**

📋 가맹 조건

- 가맹비: **15,000,000원**
- 보증금: **10,000,000원**
- 로열티: **월 매출의 3%**
- 계약기간: **5년**

📞 투자 문의

- 📧 franchise@halmaesonnmat.com
- ☎ 051-123-4567

* 본 자료는 본점 실적을 기반으로 한 예상 수익 구조이며, 실제 수익은 입지 및 운영 방식에 따라 다를 수 있습니다.

AI 시대,
결국 시스템이 답이다

이런 예시들을 설명하고 활용 방법을 익히려는 이유는 단 하나다. 장사라는 긴 '전쟁'에서 최후에 승리하기 위해서다. 전쟁에서 이기려면 단순히 개별 전투력만으로는 부족하다. 사장이 아프면 문을 닫아야 하고, 아르바이트생이 도망가면 주방이 마비되는 가게는 결국 무너질 수밖에 없다. 큰 기업이 강한 이유는 회장님이 요리를 특출나게 잘해서가 아니라, 회장님이 없어도 가게가 돌아가는 '시스템'이 있기 때문이다.

이제 우리도 그 시스템을 갖춰야 한다. 비싼 돈 들여서 사람을 쓰라는 소리가 아니다. 당신 주머니 속에 있는 AI가 기획팀장, 인사팀장, 법무팀장, 재무팀장의 역할을 완벽히 수행하며 당신의 가게를 견고한 시스템으로 탈바꿈시켜 줄 것이다.

AI는 작은 가게의 '작음'을 약점이 아닌 강점으로 바꿔놓고 있다. 대기업이 100명의 회의와 10단계 결재를 거쳐 3개월 만에 론칭하는 메뉴를, 골목 식당 사장님은 AI와 함께 3일 만에 테스트하고 시장 반응을 확인한다. 프랜차이즈가 전국 1,000개 매장에 획일적인 프로모션을 던질 때, 동네 카페는 AI로 단골 한 명 한 명의 취향을 분석해 개인 맞춤 이벤트를 보낸다.

속도에서, 진정성에서, 유연성에서 이미 작은 가게가 이기고 있다. 작은 가게의 본질적 강점인 '속도와 민첩함'이 드디어 진짜 무기가 된 것이다. 이 모든 게 '상상'이 아니다. 이미 시작됐다. 그리고 2~3년 후에는 '당연한 풍경'이 될 것이다.

물론 AI가 무조건 좋다는 건 아니다. 개인 정보 유출 우려, 일자리 감소, 알고리즘 편향성, 정확하지 않은 추측성 정보 제공(AI 환각), 과도한 의존으로 인한 사고력 저하 등 많은 사람들이 AI의 부작용을 걱정하고 있고, 나 또한 이런 우려를 충분히 인지하고 있다. 하지만 그렇다고 무조건 나쁘니까 쓰지 말자는 식의 접근은 바람직하지 않다. 칼도 셰프의 손에 들리면 훌륭한 요리를 만들어 내지만, 잘못 쓰면 사람에게 상해를 입힐 수 있는 것처럼, 중요한 건 AI를 '어떻게' 사용하느냐다. 작은 가게 사장님이 AI를 현명하게 활용한다면, 그건 손님에게 더 나은 경험을 선사하는 도구가 될 수 있다.

여전히 다수의 사람들은 "기계가 다 하면 인간미가 없지 않느냐."고 걱정한다. 하지만 역설적이게도, AI를 쓰면 쓸수록 사장님은 더 '사람다운 일'에 집중할 수 있게 된다. 반복되는 육체노동과 골치 아픈 계산, 데이터 분석은 AI에게 맡겨라. 그리고 거기서 확보한 귀한 시간과 에너지를, 찾아와 준 손님의 눈을 맞추고 따뜻한 인사를 건네는 데 써라. 맛있는 음식에 정성 한 스푼을 더하는 데 써라.

기술이 발전할수록 사람들은 '진짜 사람의 온기'를 그리워한다. AI라는 최첨단 무기를 손에 쥐고, 그 누구보다 따뜻한 가슴으로 손님을 맞이하는 사장님. 그것이 바로 우리가 꿈꾸는 대한민국 외식업의 미래이자, 거대 자본을 이길 수 있는 유일한 필승법이다. 변화는 두렵다. 하지만 변화하지 않는 것은 더 위험하다.

이 책을 덮는 순간, 당신의 스마트폰을 켜라. 그리고 AI에게 첫마디를 건네보라. "안녕? 오늘부터 내 가게의 파트너가 되어 줄래?" 그 작은 질문 하나가 당신의 장사 인생을 완전히 바꿔놓을 것이다.

Part 5를 마치며

　사장님이 없어도 가게가 흔들림 없이 돌아가게 만드는 힘, 그것은 대기업만의 전유물로 여겨졌던 '시스템'에 있다. 우리는 AI를 통해 알바 추노를 막는 힙한 채용 공고를 작성하고, 주방의 라면 물 하나까지 통일시키는 절대 기준(SOP)을 10분 만에 만들며, 줄줄 새는 돈을 막아주는 깐깐한 재무 비서까지 얻었다.

　AI는 작은 가게의 '작음'을 약점이 아닌 '속도와 민첩함'이라는 강력한 무기로 바꿔준다. 반복되는 육체노동과 골치 아픈 관리를 AI에게 넘기고 나면, 사장님은 비로소 손님과 눈을 맞추고 따뜻한 온기를 전하는 '가장 사람다운 일'에 집중할 수 있다. AI라는 똑똑한 파트너가 매장의 시스템을 빈틈없이 돌리는 동안, 사장님은 고된 노동에서 벗어나 매장 전체의 방향과 비전을 설계하는 진정한 '지휘자'로 거듭나야 한다.

추가 제언

'디지털 디톡스'와 사장님의 멘탈 관리

AI로 하루 2시간을 아꼈다면, 그 시간을 다시 노동에 쏟아붓지 말자. 자영업의 가장 큰 리스크는 사장님의 '번아웃'이다. AI가 벌어준 시간 중 최소 30분은 오롯이 나를 위해 써야 한다. 가게 밖으로 나가 산책을 하거나, 다른 업종의 가게를 구경하며 영감을 얻거나, 혹은 아무것도 안 하고 멍하니 있어도 좋다. AI가 가게의 시스템을 돌리는 동안, 사장님은 가게의 비전을 돌려야 한다. 건강한 멘탈에서 건강한 브랜드가 나온다는 사실을 잊지 말자.

AI라는 날개를 단
사장님들에게

이 책의 첫 장을 열 때, 우리는 밤 10시 셔터를 내리며 한숨짓던 사장님의 뒷모습을 마주했다. 주 7일, 하루 12시간의 고된 노동. 치솟는 재료비와 인건비, 그리고 아무리 노력해도 좁혀지지 않는 대기업과의 격차. 그 막막함 속에서 이 책을 집어 든 심정을 나는 누구보다 잘 알고 있다.

사실 나도 비슷한 순간을 경험했다. 한 자영업자 사장님과 상담하던 날, 그분은 눈물을 글썽이며 말했다. "제가 꿈꿔 온 가게가 이런 게 아니었어요. 손님들과 이야기하고, 맛있는 음식 내놓고, 행복한 얼굴 보는 게 좋아서 시작했는데…. 이젠 숫자와 씨름하고, 밤새 설거지하고, 아침엔 또 시장 가느라 정신이 없어요. 언제부터 제가 이렇게 기계처럼 살게 됐는지 모르겠어요." 그 말이 내 가슴에 오래 남았다. 그래서 이 책을 쓰기 시작했다.

이제 마지막 장을 덮는 지금, 그 한숨 대신 작은 설렘이 당신의 마음 속에 자리 잡았기를 바란다. 아니, 설렘까지는 아니더라도 최소한 "해볼

만하겠는데?"라는 작은 희망이라도 싹텄기를 간절히 바란다.

앞선 페이지에 걸쳐 많은 이야기를 나눴다. 코딩을 몰라도 카톡 하듯 AI에게 말을 걸어 메뉴를 기획하는 법, '똥손'이라도 3초 만에 전문가급 포스터를 만드는 법, 사장님의 '감' 대신 차가운 '데이터'로 재고를 관리하고 매출을 예측하는 법까지.

그리고 무엇보다 중요한 것, AI를 활용해 '시간'이라는 가장 귀한 자산을 되찾는 법을 배웠다. 돈은 또 벌 수 있지만, 시간은 한 번 흘러가면 돌아오지 않는다. 특히 자영업자에게 시간은 곧 건강이고, 가족이고, 삶의 질 그 자체다.

혹자는 여전히 의심할지 모른다. "AI가 다 하면 내 존재 의미가 없어지는 거 아닌가요?"

하지만 이 책을 통해 내가 AI를 그토록 강조한 이유는, 당신을 기술자로 만들기 위함이 아니다. 오히려 그 반대다. 당신이 '가장 사장다운 일'을 하게 만들기 위해서다.

생각해 보자. 세계적인 요리사들은 주방에서 하루 종일 파만 썰고 있지 않다. 그들은 새로운 레시피를 연구하고, 세계 각국의 식재료를 탐험하고, 손님들과 교감하며 자신만의 철학을 음식에 담는다. 그 밑에는 수많은 수셰프와 보조 인력이 있다. 그렇다면 1인 자영업자는? 당신에게도 '수셰프'가 필요하다. 그것이 바로 AI다. 그것도 월급 한 푼 안 드는, 24시간 일하는, 절대 투덜대지 않는 수셰프 말이다.

우리는 그동안 너무 바빴다. 파 썰고, 양파 까고, 설거지하고, 포스기 두드리느라 정작 중요한 것을 놓치고 살았다. 찾아와 준 손님의 눈을 한 번 더 맞추는 일, 우리 가게만의 따뜻한 분위기를 고민하는 일, 단골 고객에게 "오늘 좀 피곤해 보이시네요, 괜찮으세요?"라고 물어볼 여유를 가지는 일. 그리고 무엇보다 사장님 자신의 건강과 행복을 챙기는 일 말이다.

한 분식집 사장님이 내게 들려준 이야기가 있다. AI로 홍보 자동화를 구축한 뒤 여유 시간이 생겨서 오랜만에 손님들과 눈을 맞추며 이야기를 나눴다고 한다. 그날 한 단골손님이 이렇게 말했다고 한다. "사장님, 오늘 웬일이세요? 예전 사장님이 돌아오신 것 같아요. 그 따뜻한 느낌이요." 그분은 그제야 깨달았다. 자신이 얼마나 오랫동안 기계처럼 살아왔는지를.

이제 그 반복되고 고된 노동을 조금은 내려놓고 AI가 밤새워 트렌드를 분석하고, 마케팅 문구를 쓰고, 매뉴얼을 만드는 동안, 당신은 가게 문을 열고 밖으로 나가라.

다른 가게의 공기를 마시고, 제철 식재료의 색깔을 눈에 담고, 시대의 흐름을 읽어라. 유행하는 맛집의 인테리어를 관찰하고, 손님들의 대화 소리에 귀 기울여라. 그 속에 다음 히트 메뉴의 힌트가 숨어 있다. 골목 어귀 새로 생긴 카페의 분위기를, 백화점 푸드코트의 동선을, 편의점 신상품 코너의 트렌드를 당신의 오감으로 직접 느껴라.

AI가 '손발'이 되어 줄 때, 비로소 당신은 가게라는 작은 세상의 진정한 '지휘자'가 될 수 있다. 오케스트라의 지휘자는 바이올린을 직접 켜지 않는다. 하지만 전체 연주의 방향과 감정을 이끌어 낸다. 당신도 이제 매일 파를 써는 '연주자'에서 벗어나, 가게 전체의 방향을 설계하는 '지휘자'가 될 때다.

물론, 두려움이 완전히 사라지지는 않았을 것이다. "내가 과연 잘할 수 있을까?", "이게 정말 돈이 될까?", "나이가 너무 많은 건 아닐까?", "이미 늦은 건 아닐까?"

하지만 기억하자. 안양의 60대 순댓국 사장님도 해냈고, 컴맹이었던 40대 곱창집 사장님도 해냈다. 그들에게 특별한 재능이 있었던 것이 아니다. 컴퓨터 학원을 다닌 것도 아니고, 젊어서 IT 업계에 몸담았던 것도 아니다. 단지, 변화를 거부하지 않고 스마트폰을 켜서 AI에게 "안녕?"이라고 첫마디를 건넨 '용기'가 있었을 뿐이다.

그 용기가 얼마나 큰 변화를 만들어 냈는지 책 속 사례들이 증명했다. 그들이 천재여서가 아니다. 그저 '시도'했고, '실행'했고, '포기하지 않았을' 뿐이다.

기술은 기다려 주지 않는다. 앞으로 1년, 아니 당장 다음 달만 해도 세상은 또 변해 있을 것이다. 챗GPT가 나온 게 2022년 말이다. 불과 3년 만에 세상이 이렇게 바뀌었다. 앞으로 3년은? 상상조차 할 수 없을 정도로 더 빠르게 진화할 것이다.

누군가는 "세상이 너무 빨라 못 해 먹겠다."고 불평하며 도태될 것이고, 누군가는 이 거대한 파도 위에 올라타 서핑을 즐기듯 기회를 잡을 것이다. 나는 이 책을 읽은 여러분이 반드시 후자가 되리라 확신한다.

왜냐하면 당신은 이미 이 책을 끝까지 읽었기 때문이다. 그것만으로도 당신은 '변화를 거부하지 않는 사람'이다. 변화를 두려워하는 사람은 이 책을 펼치지도 않았을 것이고, 중간에 덮었을 것이다. 당신은 끝까지 읽었다. 그것이 곧 당신의 가능성이다.

향후 자영업 시장은 극명하게 양극화될 것이다. AI를 전략적으로 활용해 하루 2시간 투입으로 10개의 성과를 내는 사장과, 하루 12시간을 투입해도 제자리걸음인 사장으로 갈릴 것이다. 전자는 여유롭게 가족과 저녁을 먹고, 새로운 공부를 하고, 건강을 챙기며 10년, 20년 지속 가능한 장사를 할 것이다. 후자는 번아웃으로 쓰러지거나, 결국 문을 닫게 될 것이다.

장사는 결국 사람의 마음을 얻는 일이다. AI는 그 마음을 얻기 위해 불필요한 장애물을 치워주는 가장 강력한 무기다. 차가운 기술로 시간을 벌고, 그 시간에 뜨거운 진심을 담아 요리하고 접객하라.

그리고 1가지 더. AI로 아낀 시간이 생겼다면, 그 시간을 다시 노동에 쏟아붓지 마라. 많은 사장님들이 이 함정에 빠진다. 시간이 생기면 "그럼 메뉴 하나 더 개발할까?", "영업시간 연장할까?" 하며 다시 일로 채운다.

그러지 마라. 자영업의 가장 큰 리스크는 사장님의 '번아웃'이다. 사장이 쓰러지면 가게도 쓰러진다. 직원을 고용할 수 있는 것도 아니고, 대체 인력이 있는 것도 아니다. 사장님의 건강이 곧 가게의 생명줄이다. AI가 벌어준 시간 중 최소 30분은 오롯이 나를 위해 써야 한다. 가게 밖으로 나가 산책을 하거나, 멍하니 하늘을 보거나, 좋아하는 음악을 듣거나, 가족에게 전화를 걸어라. 혹은 그냥 카페에 앉아 아무 생각 없이 커피 한잔하는 것도 좋다.

건강한 멘탈에서 건강한 브랜드가 나온다. 지친 사장님의 가게에선 지친 음식이 나온다. 행복한 사장님의 가게에선 행복한 에너지가 손님에게 전해진다. 이건 과학이 아니라 진리다.

이제 책을 덮고, 스마트폰을 켜라. 그리고 당신의 든든한 파트너에게 첫 업무를 지시해 보라.

여러분의 장사가, 그리고 여러분의 삶이 AI라는 날개를 달고 더 높이, 더 자유롭게 비상하기를 진심으로 응원한다. 셔터를 내리는 시간이 30분 빨라지길. 가족과 저녁 식사를 할 수 있는 날이 늘어나길. 주말에 진짜 쉴 수 있는 여유가 생기길. 그리고 무엇보다, 당신이 처음 이 일을 시작했을 때의 그 설렘과 즐거움을 다시 찾을 수 있기를.

당신의 성공을 믿으며, 응원을 보낸다.

AI 파트너와 함께하는 혁명 선언문

제목: AI 파트너와 함께하는 [내 가게 이름   ] 혁명 선언문

날짜: 202__년___월___일 **작성자(CEO):** ____________(서명)

1. 나의 든든한 파트너에게(Role 부여)

나는 오늘부터 내 주머니 속 AI를 단순한 기계가 아닌 **[수석 비서]** 로 채용합니다.

- 나의 AI 비서 이름 지어주기: (예: 척척박사, 김 비서, 자비스)

이름: _________________________________

2. 데이터로 장사하기(감 버리기)

나는 더 이상 '감'으로 장사하지 않고, [**숫자**]로 증명하겠습니다.

- 이번 주 분석할 데이터: (체크하세요)

☐ 최근 3개월 배달/네이버 리뷰 긍·부정 분석

☐ 우리 동네(상권) 유동 인구 및 경쟁 업체 현황

☐ 요일별/시간대별 매출 및 잔반 데이터

☐ _______________________________

☐ _______________________________

3. 3초 만에 끝내는 디자인 혁명

나는 비싼 외주 비용 대신, **[카피라이팅]** 한 줄로 우리 가게의 얼굴을 바꾸겠습니다.

- 당장 내일 바꿔볼 시각물:

☐ 메뉴판(네이밍 & 설명 변경)

☐ 매장 앞 홍보 포스터(신메뉴/이벤트)

☐ 인스타그램/블로그 업로드용 감성 사진

☐ _______________________________

☐ _______________________________

4. 사장님의 시간, 나를 위해 쓰기(디지털 디톡스)

AI가 내 일을 덜어준 시간만큼, 나는 나 자신과 가게의 **[비전]**을 돌보겠습니다.

- 확보한 2시간, 무엇을 할 것인가?

☐ 가게 밖으로 나가 산책하며 머리 식히기

☐ 경쟁 업체나 핫플레이스 탐방하며 영감 얻기

☐ 아무것도 안 하고 멍하니 쉬기(번아웃 방지)

☐ ________________________________

☐ ________________________________

"변화는 두렵지만, 변하지 않는 것은 더 위험하다."
오늘의 이 다짐이 내 가게의 매출을 바꾸고,
나의 삶을 바꿀 것이다.

무료 진단 시작하기
사장님 맞춤 외식 브랜딩 진단

휴대폰 카메라로 스캔하세요
https://jdbranding.co.kr/?진단
제이디브랜딩 | 인쇄용 QR

❦

혼자서 모든 짐을 지는 시대는 끝났다.

이제 똑똑한 파트너와 함께 걷는 사람이 이긴다.

AI는 거창한 기술이 아니다.

24시간 쉬지 않고 일하는
당신의 가장 충성스러운 직원이다.

❦

수백만 원 들던 마케팅과 디자인이
이제는 몇 번의 질문으로 끝난다.

성공의 차이는 비용이 아니라
누가 먼저 움직였느냐는 '실행'에 있다.

수백만 원 들던 마케팅과 디자인이
이제는 몇 번의 질문으로 끝난다.

⚜

누군가는 방향을 읽고
이미 다른 위치에 서 있다.

망설임은 더 이상 이유가 되지 않는다.
남은 건, 당신의 선택이다.